살아가라 그뿐이다

다시 나아갈 힘을 주는 철학자들의 인생 문장

살아가라 그뿐이다

Every Time I Find the Meaning of Life, They Change It

대니얼 클라인 지음 | 김현철 옮김

더퀘스트

들어가며

얼마 전 오래된 책들을 정리하다가 "명언집"이라는 제목이 적힌 낡은 공책 한 권을 발견했다. 펼쳐보니 페이지마다 철학자들의 짧은 문장들이 적혀 있었고, 그 아래에는 해당 글에 대한 내 감상이 알아보기 힘들게 휘갈겨져 있었다.

웃음만 나왔다. 내가 이런 명언 모음집을 만들었다는 사실조차 까맣게 잊고 있었다. 공책 처음 몇 페이지에는 만년필 똥이 얼룩덜룩 묻어 있었다. 50여 년 전 부모님이 고등학교 졸업선물로 사주신 만년필로 나 자신에게 남긴 메시지였다. 열아홉 살인가 스무 살이었던 이때 나는 대학에서 철학을 전공하기로 막 작정한 참이었다.

철학을 전공하기로 한 것과 이 공책을 만든 이유는 사실 같다. 어떻게 해야 삶을 가장 잘 꾸려나갈 수 있을지, 위대한 철학자들이라면 뭔가 지침을 줄 수 있지 않을까 기대했기 때문이다. 그즈음 나는 대학을 졸업하면 뭘 해야 할지 감도 잡히지 않았다. 일단 의사나 변호사, 사업가가 되고 싶지 않다는 건 분명했는데 나처럼 생각하는 사람이 학교에 거의 없었다. 그래서 생각했다. 철학을 공부하면 적어도 최선의 삶으로 가는 차표 정도는 끊을 수 있을 거야.

공책을 절반쯤 넘기자 필기도구가 만년필에서 볼펜으로 바뀌었고, 문구 밑에 적은 메모는 "더 나은 방법이 있을 텐데" "살려줘!" 같은 단어 몇 개로 줄어들었다. 마지막 문구는 신학자 라인홀트 니부어Reinhold Niebuhr가 남긴 말이었다. "인생의 의미는 찾았다 싶으면 또다시 바뀐다." 그 밑에는 이렇게 적혀 있었다. "진작 좀 알려주지 그랬어요!" 이 마지막 페이지를 작성했을 때 나는 30대 중반 정도였을 것이다.

몇십 년의 세월이 지나서 이 공책을 다시 훑어보는 첫 느낌은 부끄러움이었다. 당시에 내가 얼마나 순진했던가 싶어서다. 나는 정말로 철학자들에게서 삶의 지침을 얻을 수 있다고 생각했던 걸까? 그들 대부분은 수천 년도 더 전에 살았던 사람인데? 대체 무슨 생각이었지?

어떻게 살아야 하는지에 관한 조언은 정작 대학생 시절에 읽었던 철학책에서는 찾기 어려웠다. 늘 다른 질문이 먼저였다. "무엇이 참인지 어떻게 알 수 있는가?" "윤리 원칙에는 이성적 근거가 있는가?" "'의미'라는 말의 의미는 무엇인가?" 이런 것들 말이다. 내 삶이든 다른 누구의 삶이든, '의미'라는 말의 뜻을 모른다면 삶의 의미에 대해 생각해보는 것이 무슨 의미가 있겠는가.

맞는 말이다. 그 와중에도 졸업은 닥쳐오고 있었고 진짜 성인으로서의 삶이 시작되려 하고 있었지만 정작 나는 졸업 후에 뭘 해야 할지 헤매고 있었다. 이후 몇 년 동안 철학 대학원 몇 군데에 입학했다 자퇴했고, 텔레비전 게임쇼 작가로 일하거나 스탠드업 코미디 대본과 탐정소설 등을 써서 생계를 유지했다. 철학책 몇 권을 옆에 끼고 여행도 많이 다녔다. 어떻게 해야 최선의 삶을 살 수 있는지 나는 여전히 답을 찾고 있었다.

여기저기에서 힌트가 될 만한 글을 발견할 때마다 점점 누더기가 되어가는 공책에 전부 적어넣었다. 그러던 어느 날 이 모두가 순진하기 짝이 없는 발상이라는 생각이 들었고 명언집을 낡은 전공서적들과 함께 상자 속에 치워버렸다. 아마

존 레넌John Lennon이 "인생은 당신이 다른 계획을 세우느라 분주한 동안에 슬그머니 일어나는 것이다"라는 유명한 말을 남긴 그즈음이었을 것이다.

'어떻게 해야 최선의 삶을 살 수 있는가'는 일찍이 철학에서 가장 중요한 질문이었다. 아리스티포스Aristippos, 에피쿠로스Epicouros, 소크라테스Socrates, 플라톤Platon, 아리스토텔레스Aristotleles 등의 사상가들은 물론이고 이후 인본주의부터 이신론deism(18세기 계몽주의 시대에 등장한 철학 및 신학 이론. 세계를 창조한 유일신을 인정하지만 세상을 창조한 뒤에는 신이 인간과 세계에 전혀 간섭하지 않는다고 본다-옮긴이), 실존주의까지 몇 세기에 걸친 다양한 사조의 철학자들이 이와 같은 근본적인 질문을 던졌다.

그러나 최근 서양철학에서 삶의 방법에 관한 질문은 인식론('무엇이 참인지 어떻게 알 수 있는가?')과 논리학('윤리 원칙에는 이성적 근거가 있는가?')에 많이 밀려났다. 몇몇 반가운 예외를 제외하면 현재 학계에 있는 철학자들은 낮 시간 텔레비전 토크쇼 진행자, 똑똑해 보이는 옷차림을 한 자기계발 강사, 길게 늘어지는 승복을 즐겨 입는 듯한 대중 강연자들에게 이 질문을 넘겨버린다. 체면이 있지, 자신들이 답할 일은 아니라는 것이다.

공책을 훑어보다 문득 아쉽다는 생각이 들었다. 처음에는 젊은 시절의 내가 순진했다며 헛웃음을 지었지만 사실 '어떻게 살아야 하는가'라는 질문은 여전히 마음속 깊이 자리 잡고 있었다. 물론 시간은 조금씩 흘렀고 인생이란 그렇듯 나도 이런저런 부침을 겪으며 어느덧 이렇게나 세월을 지나 왔지만, 철학에서 말하는 삶을 알고자 하는 욕구는 조금도 줄어들지 않았다. 나이 여든에 이르러 삶을 돌이켜보니 오히려 더 강렬해졌다. 늦은 감이 있긴 하지만, 나는 여전히 삶의 마지막을 최선을 다해 살고 싶다. 하지만 더 강렬한 바람은, 삶의 막바지에 접어든 이 시점에 나라는 사람의 역사를 간추려 '좋은 삶'이라는 기준에 내 삶은 과연 얼마나 부합하는지 알아보고 싶다는 것이다.

그리하여 명언집에 마지막 문구를 적어넣은 지 40년이 지나 나는 여기에 새로이 감상을 추가하기 시작했다. 몇 가지 새로운 문구를 더하고 그에 대한 가벼운 생각도 덧붙였다. 솔직히 말하면 좋았던 옛시절로 돌아간 느낌이었다.

여기 실린 명언 중에는 어떻게 살아야 하는지에 대한 철학적 입장 전체를 요약한 것도 있고 내 삶의 방향에 은근슬쩍 도전장을 내미는 것도 있다. 그러나 삶의 막바지에 들어 생각해보니 이 모두가 매혹적이다. 위대한 철학자들이 어떻게 이렇게 몇 마디 말로 유려하면서도 영감 넘치는 명언을 만들어냈는지 감탄스럽다. 이 나이가 되니 간결한 철학 문장의 새로운 이점도 알게 된다. 바로 문장의 끝부분을 읽을 때 문장의 첫 부분을 까먹지 않는다는 것이다.

대중매체 강연자나 자기계발 강사가 옷을 어떻게 입든 그들 모두가 우리에게 근본적으로 필요한 답을 주려 노력하고 있다고 믿는다. 그러나 철학의 대가들이야말로 좋은 삶에 관해 통렬하면서도 시대를 뛰어넘는 적절한 해답을 내놓았다. 단어의 뜻이나 시시콜콜 따지는 난해한 철학적 분석 더미나 뻔한 대중적 슬로건에 이들이 묻혀버린다면 정말로 안타까운 일이다.

그래서 나는 어떻게 살아야 하는지에 관해 지금껏 수집한 짧은 철학 격언들을 각 문구에 개인적 주석을 덧붙여 내놓기로 했다. 달아놓은 주석이 철학 격언을 이해하는 데 조금이나마 도움이 되면 좋겠지만 실제로는 전혀 상관없는 얘기도 한다. 입이 열 개라도 할 말이 없다.

명언집을 다른 이들과 공유하기로 결심한 순간, 격언들을 어떻게 배열할지 고민했다. 단순히 적어넣은 시간 순서대로 배열하자니 뭔가 제멋대로인 것 같았다. 행복하고 즐거운 삶, 의미 있거나 의미 없는 삶, 영적인 삶, 선하고 정당한 삶 같은 범주를 만들어 배열하자니 여기에 딱 맞아떨어지지 않는 게 너무 많았다. 그래서 결국 나 자신과의 연관성을 기준으로 배열하기로 했다. 나의 관심이 어떻게(때로는 뜬금없이) 한 가지 사상에서 다른 사상으로 이어졌는지를 기준으로 말이다. 한마디로 내 멋대로라는 말이다.

이렇게 이 명언집이 완성됐다. 오래되고도 새로운, 내 감상이 실려 있는, 젊고도 나이 든. 책이 던지는 질문이 책을 읽어서 얻는 대답보다 더 많을지도 모르겠다. 그래도 정말 맛깔스러운 질문들 아닌가?

| 차례 |

1

완벽주의, 현재를 살지 못하는 가장 완벽한 방법

"Do not spoil what you have by desiring what you have not;
remember that what you now have was once
among the things you only hoped for."

네가 갖지 못한 것을 갈구하느라 네가 가진 것마저 망치지 마라. 기억하라. 지금 가진 것도 한때는 네가 꿈꾸기만 하던 것임을.

— **에피쿠로스** | 그리스 철학자(기원전 341~기원전 270), 쾌락주의자

낡은 명언집에 맨 처음 수록한 구절이다. 쾌락주의가 그저 자기중심적인 젊은 애송이의 망상이 아니라 유서 깊은 철학 사조임을 깨닫자마자 나는 쾌락주의가 마음에 들었다. 하지만 그때도 나는 나 자신이 매사에 신중한 사람이라는 사실을 알았던 것 같다. 되도록 많은 즐거움을 누리고 싶었지만 도를 넘고 싶지는 않았다. 두려웠다. 에피쿠로스가 내 흥미를 끈 것도 이 때문이다. 에피쿠로스는 신중한 쾌락주의자였다.

최근 들어 에피쿠로스가 생각 많은 학생들에게 다시 주목받는 듯하다. 에피쿠로스 사상에는 뉴에이지를 떠올리게 하는 뭔가가 있다. 사후 몇천 년이 지나 바티칸도서관에서 발견한 에피쿠로스의 격언을 보면 자동차 뒷범퍼에 붙이는 선불교풍의 스티커 문구 느낌이 난다. 한마디로 에피쿠로스는 명언의 왕자였다.

앞 쪽의 명언에서 에피쿠로스는 서로 연관된 두 가지 사실을 지적한다. 첫째, 갖지 못한 것을 갈구하는 것은 지금 갖고 있는 것의 가치를 깎거나 심지어 없애기까지 한다. 둘째, 갈구하던 뭔가를 실제로 얻었을 때 그 결과를 곰곰이 생각해보면 전부 원점으로 돌아갈 뿐이다. 곧 또 다른 뭔가를 갈구할 테니 말이다. 교훈은 이거다. 현재를 즐겨라. 즐길 수 있는 만큼.

행복한 삶을 살기 위한 에피쿠로스식 전략에서 빼놓을 수 없는 부분이 바로 '결과를 심사숙고해보기'다. 현재 가진 것 이상을 원할 때뿐 아니라 우리가 원하는 모든 것에 대해서 그 대가가 무엇인지 잘 생각해봐야 한다는 뜻이다. 욕구에 충실해야 한다는 이유로 이웃집 아내와 잠자리를 함께한다면 기분이 어떻겠는가? 죄책감에 시달리는 것은 물론이고 그 뒤에 복잡다단한 사태가 닥치더라도 여전히 해볼 만한 일일까? "원하는 것을 조심하라. 정말로 갖게 될지도 모르므로." 에피쿠로스의 사상은 이 오래된 금언에 날개를 달아준다.

행복한 삶을 영위하기 위해 욕구를 버리라는 이 고대 그리스 철학자의 충고는 오늘날 많은 이에게 강한 울림으로 다가온다. 언제나 더 많은 것, 더 많은 성취를 원하는 삶에서 단점을 보기 시작한 사람들에게 말이다. 그렇게 분투하는 삶의 가장 큰 문제점을 에피쿠로스는 이렇게 지적한다. 가장 최근에 무엇을 원했든 일단 그걸 얻고 나면 또 원하는 게 생길 테고, 결국 영원히 충족할 수 없는 욕망의 덫에 빠져버린다. "새로 산 마세라티가 멋지긴 하지만 이제는 옆좌석에 앉아줄 금발의 키 큰 왕자님이 필요해."

누구나 방심하면 이 덫에 빠진다. 우리가 완벽주의를 숭배하기 때문이다. 보통 우리는 완벽주의가 고결한 인성을 상징한다고 생각하며 아이들에게도 완벽주의자가 되라고 한다. 완벽주의의 결과로 우리는 자신과 자신이 만드는 것 모두를 계속 발전시키는 법을 찾아 헤맨다. 예전에 유명 화가 한 명이 내게 이렇게 말한 적이 있다. 화랑에서 자신의 그림을 볼 때마다 거기서 부족하고 아쉬운 부분만 찾게 된다고. 에피쿠로스의 말이 맞다. 완벽주의란 온전한 성취감을 절대로 느끼지 못하게 하는 완벽한 방법이다.

그렇다면 에피쿠로스는 어떤 욕망도 갖지 않는 게 이상적인 삶이라고 주장하는 걸까? 지금 가진 것, 지금 하고 있는 일에 그저 만족하란 말인가? 성욕부터 미트로프가 먹고 싶다는 생각까지 모든 갈망을 싹부터 잘라버리라고? 그렇게 해야만 가장 행복한 삶에 도달할 수 있다고?

그렇다. 에피쿠로스는 분명히 그렇게 믿었으며, 이를 말로 하는 데만 그치지 않고 철저하게 실행에 옮긴 흔치 않은 철학자였다. 섹스는 권태나 질투 같은 행복하지 않은 감정으로 이어질 수밖에 없다는 이유로 금욕생활을 했다. 부처가 하루에 곡식 한 톨로 버티던 것보다는 잘 먹었지만 빵과 물만으로 만족하고 살았으며, 정말 참을 수 없을 땐 렌틸콩을 곁들여 특별식을 즐겼다. 다른 여러 철학자와 마찬가지로 에피쿠로스도 주장에 이런저런 복잡미묘한 단서를 달지 않고 완벽한 흑백논리를 따른 극단주의자였다. 하지만 많은 철학자와 다르게 자신의 철학을 그야말로 평생 실천했다.

우리 집 개 스누커즈는 타고난 쾌락주의자다. 그럴 수밖에 없는 게 삶을 멀리 보지 않기 때문이다. 퇴비 더미에서 맛있지만 살짝 썩은 고등어 조각을 찾아 주저하지 않고 먹는다. 몇 시간 뒤면 분명히 배탈로 고생할 텐데도. 스누커즈한테 '나중'이란 뭘까? 녀석은 순수하게 매 순간을 즐기며 미래의 결과 따위는 분석하지 않는다. 이 가련한 녀석은 선택지를 놓고 손익계산을 하는 건 고사하고 선택지 하나하나에 가치를 매기는 방법조차 모른다. 우리 인간은 그보다는 미래에 훨씬 잘 대비하고 있는 것이다.

잠깐, 정말 그럴까? 현대 심리학자들은 인간이 만족스러운 결과를 예측할 수 있다는 견해에 심각한 의문을 던진다. 하버드대학교 대니얼 길버트Daniel Gilbert 교수의 주목할 만한 저서 《행복에 걸려 비틀거리다Stumbling on Happiness》에 따르면 우리 인간은 배우자 탐색부터 거처 정하기까지 무엇이 스스로를 행복하게 만드는지를 예측하는 데 형편없다. 대부분의 경우 아무리 심사숙고해서 결정한다 해도 실제로 행복에 이를 확률은 동전 던지기로 정하는 것과 다르지 않다.

선불교스러운 에피쿠로스의 가르침은 아직도 내 취향을 완벽히 저격한다. 사실 에피쿠로스의 저작을 처음 읽었을 때보다 지금이 더욱 그렇다. 보통 나는 현재를 외면하면서까지 더 많은 걸 원하지는 않지만, 다음에 무슨 일이 일어날지를 상상하며 현재를 외면하는 일은 잦다. 이제는 안다. 지금까지 내 생애 대부분의 시간을 '다음은 뭘까?'를 생각하며 써버렸다는 사실을. 저녁을 먹으면서 다 먹으면 무슨 책을 읽을지, 무슨 영화를 볼지 생각하느라 정작 지금 먹고 있는 맛있는 매시포테이토를 음미하지 못한다.

'다음은 뭘까?'는 내 삶을 오랫동안 지배했다. 어렸을 때는 이다음에 커서 어른이 되면 어떤 삶을 살게 될지 끊임없이 생각했고, 좀 더 큰 다음엔 대학을 졸업하면 내 삶이 어떻게 될지를 생각했다. 계속 그런 식이었다. 그리고 그 때문에 삶을 더 충만하게 살지 못했다. 랠프 월도 에머슨Ralph Waldo Emerson의 말을 빌리면 "우리는 언제나 살아갈 준비를 할 뿐 정작 삶을 살지는 않는다".

세계 여러 주요 종교가 갖는 기본 교의는 지상의 삶이란 영생Real Life, 곧 내세에서의 영원한 삶에 이르기 위해 거치는 보잘것없는 단계일 뿐이라는 것이다. 지상에서의 사명은 천국에서의 삶을 준비하는 일이며 이를 위해서는 먼저 천국을 누릴 자격을 얻어야 한다. 이것 말고는 현세의 삶은 큰 의미가 없다. 따라서 지상에서의 삶은 '다음은 뭘까?'의 연속일 수밖에 없다. 매 순간 초점을 내세에 맞추기 때문이다.

오늘날 기독교 전도자들은 설교 중에 이 점을 반복해서 강조한다. 릭 워런Rick Warren 목사는 이렇게 말한다. "지상의 삶은 진짜 공연 전에 하는 리허설 같은 것입니다. 죽음 건너의 영생에서 여러분이 보낼 시간은 지금의 삶과는 비교도 할 수 없이 깁니다. 현세는 준비 단계이자 예비 학교이며 영생이라는 본선으로 가기 위한 예선일 뿐입니다. 본 게임 전의 연습이며 경주가 시작되기 전에 하는 워밍업입니다. 지금의 삶은 바로 다음의 삶을 위한 준비입니다."

'다음은 뭘까?'라는 내 개인적 강박은 워런 목사가 설교로 전달하는 것보다 범위가 훨씬 좁을뿐더러 위대한 내세라는 보상을 약속하지도 않는다. 그리고 그 결정적 보상 없이 내 강박적 습관은 아무 의미가 없다.

하지만 지금은 너무 깊게 생각하고 싶지 않다. 무언가를 후회하며 시간을 보내는 것 또한 바로 내 앞에 있는 것들을 보지 못하게 만들기에 딱 좋은 행동 아닌가. 게다가 내 나이와 지극히 세속적인 내 세계관을 감안하면, 이다음에 무엇이 올지는 뻔하지 않은가.

2

쾌락주의자는 왜 불안에 몸을 떨었을까

"The art of life lies in taking pleasures as they pass,
and the keenest pleasures are not intellectual,
nor are they always moral."

인생의 비결은 보이는 대로 쾌락을 누리는 데 있으며 가장 강렬한 쾌락은 지적이지도, 언제나 도덕적이지도 않다.

— **아리스티포스** | 그리스 철학자(기원전 435~기원전 356), 쾌락주의자

이 문구를 적어넣을 때 무슨 기분이었는지 아직도 생생하다. 강적이 출현했다! 드디어! 급진적 자유로 상징되는 사회 분위기와 더불어 1960년대가 시작됐고 난 시험에 든 기분이었다. 불현듯 에피쿠로스식 신중한 쾌락주의는 나 같은 겁쟁이의 허세같이 느껴졌다.

아리스티포스는 에피쿠로스식 쾌락에 대한 어설픈 해석 따위는 하지 않는 노골적이고도 진정한 쾌락주의자였다. 숨어 있는 위험이나 충동적 행위에 따른 달갑지 않은 결과 같은 '만약'을 걱정하며 당황하지도 않는다. 자신이나 타인에게 해를 끼치지 않도록 조심해서 쾌락을 추구하라는 훈계도 하지 않는다. 당연히 '선[善]'이라는 이름으로 이 모두를 손가락질하는 일도 없다.

아니, 이 고대 그리스 철학자는 우리에게 진흙탕에 뛰어들라고 등을 떠민다. 딱 요즘에 쓰는 의미 그대로 '쾌락주의자'가 돼야 한다는 것이다. 순수한 쾌락 탐닉. 호색한! 짐승!

아리스티포스는 옆자리에 끝내주게 잘생긴 금발의 왕자님까지 타고 있는 그야말로 완벽하게 멋진 스포츠카 같은 걸 얘기한 걸까?

그렇다. 그게 당신에게 '가장 강렬한' 쾌락이라면.

난교파티라도 괜찮을까?

아리스티포스는 말한다. 상관없어. 그냥 해.

"인간은 고통을 통해서만 쾌락에 도달할 수 있다." 변태 성욕자의 원조격인 사드 후작Marquis de Sade의 이 말에 동의한다면 마조히즘을 퍼뜨리는 일마저 '인생의 비결'이 될 수 있을 것 같다.

위험한 도발로 들리지 않는가. 하지만 이렇게까지 순수하게 쾌락 자체를 추구하는 아리스티포스의 쾌락주의를 향해 어느 정도 찬사를 보낼 수밖에 없다. 단순히 "순수한 쾌락이야말로 인생의 목적"이라고 말하는 수준을 넘어 50퍼센트 쾌락주의자 같은 게 정말 있을 수 있는지 우리 스스로 묻게 한다. 그런 게 정말 있다면 나머지 50퍼센트는 대체 뭘까? 쾌락을 추구하지 못하는 겁쟁이?

아리스티포스가 존경하는 멘토 소크라테스의 가르침을 완전히 벗어던지는 데엔 용기가 필요했다. 소크라테스는 올바르고 선한 삶이 대책없는 야단법석보다 낫다고 믿었다. 아리스티포스의 입장에서 생각하면 좀 독해져야 가능했을 일이긴 하다. 야사집 《고대 그리스인들의 사치에 관하여On the Luxury of the Ancient Greeks》에서 설파한 내용이 사실이라면 말이다. (학자들 대부분은 아리스티포스가 이 저작을 썼다고 믿지 않는다.) 《내셔널인콰이어러National Enquirer》(선정적인 가십 기사로 유명한 미국 연예 주간지-옮긴이)풍의 이 역사서에서 아리스티포스는 플라톤이 소년 여럿을 상대로 벌인 이런저런 야한 애정행각을 신나게 쏟아놓는다. 플라톤의 행동은 선하고 정의로운 아테네 시민이 할 행동이 아닌 것처럼 보이지만 윤리적 기준은 시간에 따라 변하기 마련이다. 인생철학이라는 것도 그렇지 않은가.

삶의 쾌락에 대한 지침을 줄 때도 아리스티포스는 에피쿠로스식 쾌락주의의 전제를 송두리째 뒤집어엎는다. 에피쿠로스가 욕구와 갈망을 억제해야 우리가 접하는 모든 것에서 쾌락을 최대로 얻을 수 있다고 하는 반면, 아리스티포스는 눈앞에 있는 대상에 적극적으로 손을 대서 쾌락을 극대화하라고 한다. 쾌락의 궁전은 스스로 지어야 한다는 것이다.

아리스티포스가 삶에서 쾌락을 극대화하기 위해 채택한 방법 중 하나는 '여행'이었다. 키레네(고대 리비아의 대도시-옮긴이)에서 태어난 아리스티포스는 이후 아테네와 로도스섬을 거쳐 키레네로 다시 돌아오는 긴 여행을 했다. 요즘으로 치자면 유람선 세계여행 같은 것이다. 아테네에 있는 자택 테라스에서 보이는 풍경이나 그가 사랑한 아름다운 매춘부 라이스의 품이 지겨워지면 바로 짐을 꾸려 여행을 떠났다.

환경을 바꾸기 위해 아리스티포스가 택한 또 하나의 방법은 쇼핑이었다. 그는 사치를 즐겼다. '무엇이든 죽을 때 많이 갖고 있으면 성공한 인생'이라는 식의 쾌락주의를 최초로 옹호한 인물이라 하겠다. 아리스티포스는 쇼핑에 필요한 돈을 마련하기 위해 학생들에게 철학을 가르치고 수업료를 받았는데 '정보에 대한 자유로운 접근'이라는 개념을 가장 먼저 주장했던 소크라테스나 플라톤은 이 방식을 혐오했다. 에피쿠로스도 이를 용인하진 않았을 것이다. 자신이 가르친 대로라면 아무리 사소한 것이라도 무언가를 절대적으로 얻으려 애쓰는 것 자체가 불안하지 않은 삶을 누리지 못하게 할 게 뻔하기 때문이다. 에피쿠로스가 말하는 유일하게 행복한 삶은 바로 '불안하지 않은 삶'이었다.

20대 후반 그리스 이드라섬에 살면서 나는 아리스티포스식의 무차별 쾌락주의가 불러올 수 있는 또 다른 불안을 목격했다. 당시 그곳에 살던 하비브라는 외국인과 종종 어울렸는데, 파리에서 성장기를 보낸 부유한 이란인 하비브는 흔히 말하는 '금수저'였으나 하도 망나니짓을 하고 다녀 부자 아버지가 돈을 좀 쥐여주고 멀리 쫓아버린 내놓은 자식이었다. 하비브는 시간도 돈도 넘쳐났다. 게다가 얼굴도 잘생겨서 원하는 거의 모든 것을 손에 넣을 수 있었다. 일반적인 행동규범 따위는 아랑곳하지 않았다. 한마디로 아리스티포스가 말하는 완벽한 삶의 조건을 갖추고 있었다.

그러나 하비브는 너무나 다양한 선택지에 항상 짓눌려 있었다. 카트리나와 보내는 밤이 더 끝내줄지도 모르는데 왜 소피아랑 오늘 밤을 보내야 하지? 우조(물을 더하면 뿌옇게 색이 변하는 그리스 전통주–옮긴이)를 마시고 취하는 게 더 재미있을지도 모르는데 왜 아편을 피워야 하지? 난 하비브가 동네 선술집 테라스에서 멍하게 몸을 떨고 있는 모습을 꽤 여러 번 봤다. 넘치는 부를 주체하지 못하는 모습에 종종 터져나오는 웃음을 참아야 했지만 하비브 본인에게는 웃어넘길 문제가 아니었다. 쾌락주의로 인해 불안해진 것이다.

그래도 나는 여전히 아리스티포스의 분명하고 직설적인 쾌락주의에서 신선함을 느낀다. 무엇보다 좋은 의미로 다른 철학자들의 사상에 비해 단순하다. 아리스티포스는 지적 쾌락이 감각적 쾌락으로 이어지지 않는다고 확신했다.

이 내용을 이해할 수만 있다면 우리 집 개 스누커즈는 아리스티포스의 사상에 동의할 것이다. 그러나 아리스티포스가 말하는 삶의 비결을 내가 따라갈 수 없는 이유 또한 분명하다. 스스로를 즉물적 욕구로만 가득 찬 동물로 보는 게 나는 못내 불편하다. 오해하지 마시라. 난 진심으로 동물을, 특히 스누커즈를 사랑한다. 하지만 인간으로서의 내 의식을 아무래도 부정할 수 없다. 내가 얼마나 인간중심적인 생각을 갖고 있는지를 아리스티포스가 일깨워줬는지도 모르겠다.

그렇다면 환상적인 난교파티를 상상하면서도 지금껏 해

보지 않은 유일한 이유는 내 굳건한 인간다움 때문일까? 지금껏 아르마니 정장으로 옷장을 꽉 채워볼 생각을 하지 않은 것도?

실제로 시도는 해볼 수 있겠지만 깊이 박혀 있는 불안감을 의지만으로 없애지는 못할 거라는 사실을 인정해야겠다. 하비브가 가졌던 불안과는 다르지만 여전히 무언가를 하지 못하게 막는 그 불안감 말이다. 예를 들어 난교파티에 실제로 간다면 사방에 널린 벌거벗은 몸뚱이를 보며 숨도 제대로 못 쉴 것 같아 두렵다. 거기에 일상적 게으름도 한몫한다. 도쿄 주식시장에서 대규모 거래를 해보겠다고 새벽도 되기 전에 일어나란 말인가? 이 모든 걱정과 불안이야말로 내가 난교파티에 가지 않고 돈벌이 위주의 과도한 노동을 피하는 이유다. 철학적 관점에 딱 맞지는 않겠지만 뭐 그렇다는 얘기다.

3

세상이 낙원이라면
인간은 지겨워 목을 맬 것이다

"Genetic engineering and nanotechnology will abolish suffering in all sentient life. This project is ambitious but technically feasible. It is also instrumentally rational and ethically mandatory."

유전공학과 나노기술 덕분에 감각을 가진 모든 생명은 고통에서 벗어날 것이다. 과감한 프로젝트이지만 기술적으로 충분히 가능하다. 방법적으로 합리적이며 윤리적으로도 반드시 필요하다.

— **데이비드 피어스** | 영국 철학자(1959~), 쾌락주의자

'기분 좋으면 그만'이라는 사고방식이 미국인의 삶을 지배했던 매우 특이한 시기를 겪은 늙은이의 입장에서 나는 쾌락주의를 생각할 때면 요즘 철학자들도 현대판 '달콤한 삶'에 관해 고찰하는지 항상 궁금했다. 알고 보니 고민하는 철학자들이 있었다. 그중 일부는 매우 흥미롭다.

철학을 전공한 젊고 똑똑한 친구 하나가 내게 공상적 사상을 지닌 현대 철학자이자 컬트적인 인기를 구가하는 데이비드 피어스David Pierce에 대해 알려줬다. 피어스가 쓴 전자책 《쾌락주의 강령The Hedonistic Imperative》는 꽤나 인기를 끌었다. 피어스의 사상은 괴기스러울 만큼 짜릿하다. 피어스는 인생에서 감각적 쾌락을 누리는 것보다 가치 있는 일이 있는지 자문하게 한다. 그래서 나는 최근 명언집에 그의 말을 추가했다.

피어스의 사상은 에피쿠로스와 더불어 18세기 영국 사회철학자 제러미 벤담Jeremy Bentham에 기초를 둔다. 에피쿠로스에게서 아타락시아ataraxia(두려움이 없는 상태)와 아포니아aponia(고통이 없는 상태)의 삶이 가장 행복하다는 견해를 가져왔고, 벤담에게서는 모든 행위의 기준이 최대 다수에게 최대 행복을 주는 것이어야 한다는 공리주의 철학을 가져왔다. 피어스는 이 두 가지 이상理想은 자명하며 따라서 모두의 행복을 위해서 할 수 있는 모든 일을 반드시 행해야 한다는 의

무가 있다고 생각한다.

이 이상적인 상태에 이르기 위해, 다시 말해 인류가 영원히 고통과 우울에서 해방되는 세상을 만들기 위해 피어스는 전통 쾌락주의에 최신 (그리고 그 이상의) 기술을 접목했다. "후손들은 유전적으로 미리 짜여진, 오늘날 우리가 누리는 최고의 경험보다 훨씬 풍부한 행복well-being이 이끄는 대로 움직일 것이다." 피어스는 모두가 언제 어디서든 활짝 웃는 세상을 이야기하고 있다.

공상과학소설에서나 나올 법한 예측 같지만 실제로 피어스는 나노기술(개별 원자와 분자 단위에서 전자회로 등의 장치를 합성, 조립하는 일-옮긴이), 유전공학, 약물 설계(특정 용도의 약물을 분자 수준에서 컴퓨터로 설계하는 일-옮긴이) 분야 전문가다. 내가 보드카 토닉을 조용히 홀짝이는 동안 생명의학계는 깜짝 놀랄 만큼 다양한 '정서 조절' 방법을 만들어내느라 정신이 없었던 것이다. 예를 들어 경두개자기자극법transcranial magnetic stimulation(머리 가까이에 전도 전자기 코일을 놓고 강력한 전류파를 흘려 생긴 자기장을 두개골에 통과시키는 두뇌 자극 치료법-옮긴이), 중추신경계보철central nervous system prosthesis(파킨슨병이나 간질 같은 난치성 신경질환을 치료하기 위해 중추신경계에 전기나 초음파 장치를 삽입해 자극을 전달하는 장치-옮긴이), 전기신경자극임플란트electrical neurostimulation implant(약물 투여가 효과적이지 않은 진통, 우울장애, 발작 등의 질병 치료를 위해 뇌에 직접 삽입하는 전기 자극 장치－옮긴이) 등이 있다.

피어스에 따르면 이는 "감각을 가진 모든 생명이 고통에서 완전히 벗어나는 데 윤리적으로 필요"할 뿐 아니라 현재 인류의 기술로 충분히 이룰 수 있는 목표이기도 하다. 일찍이 에피쿠로스가 고통 없는 삶을 위한 청사진을 갖고 있었고 피어스는 우리에게 개정판을 내놓을 뿐이다. 이름하여 '하이테크 쾌락주의'다.

그러나 인간의 조건이 가진 특정 한계 때문에 피어스가 꿈꾸는 프로그램이 실제로 가능할지는 의문이다. 나노기술이 분자 단위로는 들어맞을지 모르지만 나는 그와 별개로 변성의식상태altered states of consciousness(의식이 지각적·인지적으로 통상의 의식 수준과 크게 달라진 상태－옮긴이)의 문화사에 관해 읽은 적이 있다.

17세기 중반 영국이 인도와 스리랑카에서 차를 처음 들여왔을 때 일부 애호가들은 이 '최면약'을 마시니 정신이 혼미해질 정도로 행복해졌다고 열광했다. 이를 글로 표현하기도 했는데 어떤 이들은 차를 마신 뒤 며칠 동안 잠을 잘 수 없었고 한 잔만 마셔도 흥분되면서 마치 취한 듯 멍해졌다고 썼다. 18세기의 한 기록에 따르면 차는 중독성이 매우 강해서 그리 오래 지나지 않아 영국 전역에 영향을 끼쳤다. 그런데

21세기 런던에 사는 한 기혼여성은 어째서 하루에 차를 다섯 잔이나 마셔도 아무렇지 않고 평온해 보일까? 17~18세기에는 차가 지금보다 훨씬 진했던 것일까?

그럴 리는 없다. 아마도 그 이유는 개인적으로나 사회적으로 (약물에든 술에든) '취한 상태'가 '일반적인' 의식 수준과 비교해서 나타나기 때문일 것이다. 몇 세기에 걸쳐 영국인 대다수가 '차 의식tea consciousness'을 발전시켰다. 한 명도 빠짐없이 차를 마신 것은 아니지만 문화를 바꿀 만큼 충분한 인원이 차를 마셔왔고, 이렇게 만들어진 의식 수준이 일종의 기준이 됐다. 차 의식에서 탄생한 문화로 일상 언어와 개인 간 상호작용 양상을 설명할 수 있다. 영국에서 차를 마시는 일은 사람들과 어울리는 과정에서 빼놓을 수 없는 요소다. 거의 모든 사람이 규칙적으로 환각버섯을 먹는다면 '차 의식'이 아니라 '환각버섯 의식'이 우리 의식 수준의 기준이 됐을 것이다. 환각버섯을 먹는 집단에서 오랫동안 살아보면, 그 집단에서 쓰는 언어와 그 언어가 일상적으로 가리키는 대상이 우리가 보통 저녁 식탁에서 이야기할 때 쓰는 언어나 지시 대상과 꽤 다르다는 걸 금세 깨달을 것이다. 환각버섯 집단에서 사용하는 언어는 좀 더 흐리멍텅한 의식 수준에 맞춰져 있을 것이며, 이 집단에서 지내는 시간이 길어지면 환각버섯을 실제로 먹든 아니든 이러한 의식 수준과 언어 습관을 자연스레 습득할 것이다. 이와 비슷하게 컴퓨터와 소셜미디어는 우리 문화의 의식 수준을 바꿔놓았고, 우리가 모르는 사이에 일반적으로 '정상'이라고 생각되는 주의력 지속시간과 개인적 친밀도에도 영향을 끼쳤다.

그 결과로 차 의식을(또는 환각버섯이나 컴퓨터 의식을) 더 취했거나 더 좋은 것이 아닌 '일반적이고 정상적인' 의식 수준으로 느끼기 시작한다. 취했다는 느낌은 일상의 의식과 비교한 결과다. '들떴다'고 느끼려면 그보다 가라앉는 느낌의 비교 대상이 존재해야만 한다. 런던의 기혼여성이 좀 더 들뜬 기분을 느끼고 싶다면 티타임에 스카치위스키 한두 잔을 마시는 식으로 뭔가 다른 시도를 해야 할 것이다. 그러나 당연히 그것도 오래가지 못한다. 시간이 좀 지나면 이 여성의 의식 상태가 '스카치 의식'에 맞춰질 테니까. 밤낮으로 술에 취해 있는 사람들이 내 눈에는 딱히 행복해 보이지 않는다는 사실도 짚고 넘어가야겠다.

1960년대 언젠가 친구 톰 캐스카트Tom Cathcart와 시험 삼아 LSD(마약류 환각제-옮긴이)를 한번 해본 적이 있다. 미친 듯 주변을 두리번거리던 톰이 갑자기 동작을 멈추더니 멀쩡한

모습으로 말하는 것이었다. “젠장, 할 때마다 더 취할 수 있는 거 아니야?”

슬프게도 그렇다. 언제든 더 취할 수 있다. 우리는 한 번에 한 가지 의식만 소유할 수 있으며, 그 의식 수준에서 한 단계 올라가는(취하는) 건 언제든 가능하기 때문이다. 누구나 알고 있는 사실이지만 환각을 경험해본 이들은 특히 더 잘 이해한다. 한 의식 수준에서(그리고 그와 연결된 도취감에서) 다른 수준으로 옮겨가는 일을 직접 겪었기 때문이다. 심지어 몇몇은 자신이 한 수준의 의식에서 다른 수준으로 뛰어오르는 것을 지켜보는 자신을 지켜보기도 했는데, 이런 의식 상태는 그 자체로 아찔하다. 다행히 우리 뇌는 크기가 한정되어 있어서 이 같은 초월적 경험에서 돌이킬 수 없는 강을 건너는 걸 막아준다.

중요한 점은 이렇게 의식을 높이고 도취할 수 있다는 것을 아는 일이 정반대의 효과도 일으킬 수 있다는 것이다. 행복에는 절대 극치가 존재하지 않으므로 행복의 극치에 결코 도달할 수 없다는 사실을 깨닫는다는 말이다. 더 큰 행복을 위해서는 언제나 더 큰 산을 넘어야 한다. 환희의 극치를 찾아 헤매는 이들에게는 기운이 빠지는 소리다. 모든 게 덧없어질 테니까. 하지만 걱정 마시라. 우리가 지금 앉아 있는 산꼭대기는 머지않아 우리의 일반적 의식 수준이 될 테고 우리의 행복 수준도 어떻게든 그에 맞춰 익숙해질 테니까.

실험심리학자들은 이를 '행복의 기준점happiness set-point'이라고 부른다. 여러 연구 결과에 따르면 행복하다는 느낌을 특정한 방식으로 유도하는 것은 지속적인 효과를 줄 수 없다. 전문가들은 '쾌락의 쳇바퀴hedonic treadmill' 이론을 이렇게 설명한다. 인간은 획득된 행복 수준에 계속 익숙해지기 마련이어서 결국 맨 처음 설정한 행복의 기준점으로 돌아갈 뿐이다.

'기준점' 이론은 내 호기심을 자극하는 동시에 나를 혼란스럽게 만든다. 모든 사람이 결국 감정의 기준점으로 돌아간다면 왜 그 기준점은 사람과 문화마다 차이가 있는가?

분명히 사회마다 일반적 행복 수준은 다르다. 남유럽 사람이 북유럽 사람보다 자신의 행복 수준을 훨씬 높게 평가한다. 이탈리아나 그리스 사람은 독일이나 네덜란드 사람보다 더 많이 웃으며 점심을 오랫동안 먹거나 둘러앉아 수다를 떠는 등 일상에서 더 많은 즐거움을 얻는다. (유로화를 둘러싼 남북 유럽 간 경제적 긴장의 근본적 원인이 이것일지도 모른다. 북유럽 사람들은 남유럽 사람들이 게으르다고 생각하는 반면 남유럽 사람들은 북유럽 사람들이 삶을 즐기는 방법을 모른다고 생각한다.) 로마에서 한 학기 동안 대학 강의를 맡은 적이 있다. 그때 신문에서 평범한 로마 사람이 어떻게 하루를 보내는지에 대한 설문조사 관련 기사를 읽었는데 로마 사람은 베를린 사람에 비해 먹고 낮잠 자고 수다 떠는 데 더 많은 시간을 보내는 걸로 나타났다. 이 통계에서 마음에 들었던 부분은 로마 사람은 음악을 듣는 데 하루에 평균 1시간 반 정도를 쓴다는 것이었다. 그야말로 쾌락주의의 가장 숭고한 형태가 아닌가.

피어스는 어떤 경우든 이 기준점 이론을 조금도 적용하려 하지 않을 것이다. 피어스는 우울장애로 고생하는 사람이 프로작Prozac(대표적 항우울제－옮긴이)을 복용하면 기분이 나아지며, 대부분은 약을 복용하는 동안 효과가 지속된다고 지적한다. 게다가 그들은 그 사실을 스스로 분명히 인지하고 있기 때문에 프로작을 복용하게 되어 다행이라고 생각한다. 여기서 피어스는 우리에게 묻는다. 우리 모두가 약을 복용하거나 전기신경자극 임플란트를 삽입하는 식으로 "단순히 기분 좋은 것보다도 훨씬 좋은" 상태를 지속적으로 누리면 안 될 이유가 무엇이란 말인가? 피어스의 주장은 사회와 정신의학자들이 행복의 기준점을 너무 낮게 잡아놓았다는 것이다. 그에 따르면 "우리가 일반적인 감정의 기준점을 다시 맞춘다면 최대 행복의 원칙을 벤담이 기대했을 최고치보다도 훨씬 성공적으로 실현할 수 있다".

그러나 피어스가 밝히지 않는 사실도 있다. 프로작을 복용한 이들 중 적잖은 수가 우울 증세를 떨치기 위해 복용량을 계속 늘려야만 한다. 약으로 얻은 행복이 시간이 지날수록 칙칙해지고 우울해져서일까? 신경자극 임플란트를 사용해도 같은 결과가 나오지 않을까? 피어스는 행복의 상대성 문제에 명확한 답변을 내놓지 않는다.

언제나 행복한 기분으로 살 수 있다는 순수한 가능성에 관해 이제 한 가지 질문을 더 던져보자. 지금까지 삶에서 가장 황홀했던 순간을 되새겨보면 내 경우에는 아마도 성적인 경험이 맨 위에 자리 잡을 것이다. 그럼 이제 나는 인생이 한 번의 길고 긴 오르가슴처럼 되기를 원할까? 세상에나, 그럴 리가 없다. 나이 때문만은 아니다. 오르가슴이 내내 계속된다면 한두 달만 지나도 벅차다고 느끼고 결국 지겨워질 것이다. 그러고는 다른 덜 격렬한 감정이 그리워질 것이다.

이 부분에서 피어스는 나를 한참 앞서간다. 자신의 프로젝트가 성공하면 우리 모두가 언제든 감정을 원하는 대로 정확히 조정할 수 있다고 주장한다. 따라서 합성된 특정 기분을 누리는 동안 다음엔 어떤 다른 합성된 기분을 즐길지 미리 정할 수 있다는 것이다. 나라면 오르가슴에서 벗어나 막간의 진복팔단眞福八端(예수가 산상수훈에서 제자들에게 가르친 기독교의 완전한 덕-옮긴이)을 즐기겠다.

언제나 행복에 도취한 채 살 수 있다는 피어스의 이상향이

머지않은 미래에 실제로 도래한다 해도 의문은 남는다. 과연 그게 좋은 일인가?

대부분은 그렇게 생각하지 않는다. 무엇보다 누군가는 인위성에 즉각 반감을 보이면서 경두개자기자극을 통해서만 행복감을 느낄 수 있다면 그건 진정한 행복이 아니라고 말할 것이다. 행복하다고 느끼는 게 진정한 자신이 아니기 때문이다. 인간이 바로 이런 점에서 실험실 쥐와 다르지 않은가. 쥐들은 자신의 행복이 인공적으로 주입된 것이라 해도 전혀 신경 쓰지 않는다. 자주 인용되는 설치류 행동연구에 따르면 실험쥐는 먹지도 마시지도 자지도 않고 정신을 잃을 때까지 뇌 속 쾌락 중추와 연결된 레버를 눌러댔다.

반면 인간은 인위적으로 만든 행복에 대해 일관성이 많이 떨어진다. 예를 들어 인위적인 행복은 싫다는 사람들도 대다수는 긴 하루를 보내고 '기분을 풀고자' 버번 위스키 두어 잔을 마시는 건 예외라고 생각한다. 가끔 대낮부터 피로 회복이나 정신 각성을 목적으로 진정제를 먹거나 마리화나를 피우거나 레드불을 들이켜는 것도 예외로 볼 것이다. 하지만 경두개 자기자극이라니? 절대 안 된다. 너무나 부자연스럽지 않은가.

인공적인 감정 조작에 대해 내가 접해본 가장 설득력 있는 비판은 조지 손더스George Saunders의 단편 〈스파이더헤드 탈출

Escape from Spiderhead〉이다. 미래를 배경으로 한 이 우화 같은 이야기에서 주인공은 사고와 정서를 바꾸는 약물의 임상실험자다. 이 약물은 주인공의 허리에 삽입한 '모비팩MobiPak'이라는 장치를 통해 신경회로로 주입된다. 한 실험에서 주인공은 헤더라는 여인과 한방에 있게 되는데 처음에는 헤더에게 전혀 마음이 끌리지 않는다. 그러나 사랑·섹스 관련 약물을 천천히 주입받자 갑자기 그녀가 매력적으로 보인다. 헤더 역시 약물을 주입받고 둘은 격정적인 사랑을 나눈다. 주인공은 헤더가 자신의 완벽한 짝이며 환상의 연인이라고 믿는다. 그러나 약효가 사라지자 감정은 무관심 수준까지 떨어진다. 그 다음 레이철이라는 또 다른 여인을 만나 일련의 과정이 반복되고 또다시 주인공은 유일한 사랑을 찾았다고 느낀다. 주인공이 하는 말을 들어보자.

"곧 레이철의 입술이 헤더의 입술에서 느낀 완벽한 기분을 덮어버리고 있었다. 난 이제 레이철의 맛을 더욱더 갈망했다. 이런 기분은 처음이었다. 실제로는 방금 전에 느꼈던 것(내 의식 어딘가에서 알아차릴 수 있었다)과 완전히 똑같은 감정인데도 말이다. 하지만 그때의 감정은 이제는 아무 가치 없는 껍데기에 불과한 헤더를 향한 것이었지 않은가. 내 말은, 레이철은 달랐다는 것이다. 그녀는 진짜였다."

숭고한 사랑, 오랫동안 찾아온 영혼의 동반자를 만났다는 완전한 기쁨은 약물 한두 방울의 가치로 격하된다. 실험 대상이었던 주인공은 이 사실을 알고 나서 현재 느끼는 기분이 아무리 강렬하다고 해도 결국 자신의 사랑이 아무 의미가 없다는 걸 깨닫는다. (물론 일부 독자는 손더스의 이야기가 약물 따위에 의존하지 않더라도 변덕스럽고 불안정한 인간의 마음을 심술궂게 비유한 것이라고 받아들일지 모르겠다.)

마음 깊은 곳에서 우리 대부분은 인위적 현실보다 일상의 현실을 선호한다. 하버드대학교 철학교수 고故 로버트 노직Robert Nozick은 일상의 현실과 인위적 현실 중에서 우리가 어느 쪽을 선택하는지에 대해 '경험 기계experience machine'라고 이름 붙인 간단한 사고실험을 제안했다. "경험 기계라는 것이 있어 당신이 원하는 것은 무엇이든 경험하게 해준다고 가정해 보자. 신경심리학자들이 뇌에 자극을 가해 당신이 위대한 소설을 쓰고 있다거나 친구를 사귀고 있다거나 재미있는 책을 읽고 있다고 생각하게 할 수 있다. 하지만 현실에서 당신은 그 시간 동안 통에 들어가 뇌에 전극을 연결한 채 둥둥 떠다니고 있다. 당신은 생애 경험을 모두 미리 프로그래밍해주는 이 기계와 평생 접속돼 있는 쪽을 택할 것인가? (…) 물론 탱크 속에 있는 동안 당신은 그 사실을 알지 못하며 모든 일이 실제로 자신에게 일어나고 있다고 생각할 것이다. (…) 당신이라면 어떻게 하겠는가?"

이 상상의 시나리오를 접한 사람들 대부분은 무언가 한다는 '느낌'만을 갖기보다는 직접 하고 싶다는 이유에서 경험기계에 접속하지 않겠다고 답했다. 인간은 기본적으로 일상을 옹호하는 감정을 갖게 마련이다. 그것만이 유일한 진실이라고 믿기 때문이다.

그러나 피어스는 인공적 쾌락을 거부하는 사람들을 견디지 못한다. 피어스는 19세기 중반 마취법이 최초로 수술실에 도입됐을 때도 옳지 않은 방식이라며 반대의 목소리가 높았다는 점을 꼬집는다. 한 산부인과 의사는 출산의 고통을 덜기 위한 '가스요법'을 완강히 거부하며 자연분만에 수반되는 고통이 "생명력에 대한 가장 바람직하고 숭고하고 전통적인 표현"이라고 서술했다. 부자연스러운 마취는 생명력의 표현이 아니며 따라서 좋지 않다는 것이다. 이 일화는 우리가 새로운 방식을 처음 접할 땐 고집스럽게 저항하기 쉽다는 사실을 잘 일깨워준다. 그러나 우리가 '진짜' 일상을 선호하는 이유를 완벽하게 설명해주는가를 묻는다면 나는 '그렇지 않다'고 답하겠다.

피어스의 '멋진 신세계'에 대한 강력한 비판은 올더스 헉슬리Aldous Huxley가 미래사회를 배경으로 쓴 소설《멋진 신세계Brave New World》에서 영감을 얻었다. 이 작품에 등장하는 모든 시민은 '소마soma'라는 마약에 중독돼 있는데 헉슬리는 이 약이 "기독교와 알코올의 모든 이점을 모자람 없이 갖고 있다"고 냉소적으로 말한다. 사실 소마에도 딱 한 가지 흠이 있으니 이를 복용한 사람은 멍해지고 상상력이 고갈되고 게을러진다는 것이다. 피어스의 사상을 비판하는 이들은 모두가 누리는 쾌락주의는 어디를 둘러봐도 바보밖에 보이지 않는 전체주의적 사회를 낳을 뿐이라고 우려한다.

이는 '고통 없인 열매도 없기 때문에' 좌절, 경쟁, 일반적 불쾌함 등 인간의 감정을 보존해야 한다는 주장이다. 이 모든 감정은 발명과 진보를 가져오고 삶을 길게 바라보는, 이를테면 지구온난화나 자연자원 고갈 등을 걱정하는 관점을 낳는다. 이런 감정이 없다면 지구가 멈춘다고 해도 우리는 그저 좋은 감정에 취해 바보처럼 앉아 있기만 할 것이다.

하지만 현실은 이보다 조금 더 복잡하다. 여러 심리학자의 연구에 따르면 인간은 행복할수록 우정도 결혼도 업무 성과도 건강도 수입도 나아진다. 간단히 말해 고통이 없으면 열매가 오히려 더 많아진다.

'고통 없는' 문제에 대한 또 한 가지 관점은 영원한 염세주의 철학자 아르투어 쇼펜하우어Arthur Schopenhauer가 내놓았다. '고통이 없으면 고통은 더 늘어난다'고 믿었던 쇼펜하우어는 피어스가 제안하는 고통 없는 세계가 결국 우리를 더욱 우울하게 만들 뿐이라고 생각했다. 《염세주의 연구Studies in Pessimism》에서 쇼펜하우어는 이렇게 말했다. "이 세상이 호화롭고 편안한 낙원이자 젖과 꿀이 흐르며 모든 사람이 어려움 없이 자신의 짝을 찾을 수 있는 곳이라면, 인간은 지겨움으로 생을 마감하거나 스스로 목을 매달 것이다."

피어스가 말하는 언제나 행복에 취해 있을 수 있는 이상향에는 정말 실존적으로 위험한 부분이 있는지도 모르겠다. 진실로 인간이기 위해서 우리는 어느 정도의 고통을 감수해야 하는 것일 수도 있다. 스스로의 유한성을 자각하고 피할 수 없는 한계와 실패를 자각하며 존재 자체에 대한 수수께끼를 자각하는 데서 오는 고통 말이다. 이런 자각이 없다면 우리는 기분 좋은 동물과 전혀 다를 게 없을지도 모르며 삶은 실존적 깊이를 잃을 것이다. 하긴 우리 모두가 언제나 완벽하게 행복하다면 이 모든 실존적 내용을 누가 신경이나 쓰겠는가?

완벽하게 행복한 인간의 존재를 옹호하는 피어스의 주장이 내게는 가끔 도를 넘은 쾌락주의처럼 느껴진다. 우리가 더는 인간으로 살지 않는 비현실적 세계를 보는 것 같다. 하지만 바로 그 이유로 이 젊은 철학자가 더할 나위 없이 대단하다고 생각한다. 내가 아는 어떤 철학자도 이 정도로 쾌락주의의 기초를 연구하게 만들지 않았다. 우리가 삶에서 원하는 건 진정 쾌락뿐인가?

이는 삶을 다루는 모든 철학이 가장 처음 만나는 질문과 아주 흡사할 것이다.

4

삶이 누구에게나 추하다고 생각하면 소름끼치게 평안해진다

"Life oscillates like a pendulum, back and forth between pain and boredom."

삶은 진자운동을 한다. 고통과 권태 사이에서.

— **아르투어 쇼펜하우어** | 독일 철학자(1788~1860), 형이상학자, 윤리학자

그래, 인정한다. 가끔은 그럴듯한 염세주의를 갈망한다. 특히 삶이 조금 힘겹다 싶을 때. 삶이 엉망일 때, 삶은 누구에게나 똑같이 추하다고 생각하면 소름끼치도록 냉정하게 위안이 된다. 이럴 때 어울리는 철학자라면 음울함 자체라 할 수 있는 아르투어 쇼펜하우어 말고 누가 또 있겠는가? 이 구절을 언제 명언집에 옮겨 적었는지 정확히는 기억나지 않지만 아마도 내 인생 최악의 시기였을 거다.

믿기 어려울지 모르지만 쇼펜하우어도 쾌락주의자로 분류된다. 인생의 궁극적인 목표는 행복이라고 인정했기 때문이다. 그 목표에 도달하는 일이 불가능에 가깝다고 생각했을 뿐이다. 에피쿠로스와 마찬가지로 쇼펜하우어는 행복과 쾌락을 두려움과 고통이 없는 상태로 정의했다. 또한 우울함을 떨쳐버리기 위해서는 가장 먼저 기대 수준을 낮춰야 한다고 생각했다. 쇼펜하우어의 직설화법을 따르자면 이렇다. "극도로 비참한 상태에 놓이지 않기 위한 가장 안전한 방법은 행복해질 거라는 기대를 아예 하지 않는 것이다." 에피쿠로스는 "불행한"이라는 말을 썼지만, 이 정도 표현에 만족하지 못한 쇼펜하우어는 "극도로 비참한"이라고까지 말했다. 대단하지 않은가.

여기서부터 쇼펜하우어의 철학은 끝없는 내리막길로 치닫는다. 유명한 저서《의지와 표상으로서의 세계Die Welt als

Wille und Vorstellung》에서 쇼펜하우어는 말한다. "인생은 짧다는 이유로 자주 탄식의 대상이 되나, 실은 이것이 인생에서 가장 좋은 점일지도 모른다." 또 다른 글 〈존재의 공허The Vanity of Existence〉에서는 이렇게 말한다. "인간의 삶이란 분명히 일종의 실수다. 인간이 충족하기 어려운 욕구와 필요로 뒤섞인 존재라는 것을 감안하면 자명한 진실이다. 욕구와 필요를 충족했을 때조차 얻는 것이라곤 고통 없는 상태에 지나지 않는다. 이는 존재가 그 자체로는 진정한 가치가 없다는 직접적인 증거다." 그러고는 이에 덧붙여 음울하기 짝이 없는 '진자' 격언이 등장한다. 무슨 설명이 더 필요하겠는가.

쇼펜하우어는 고독과 실패로 얼룩진 젊은 시절을 보냈다. 아무도 그의 책을 사지 않았고 그를 강사로 채용해주는 대학도 없었다. 이때 당시 서구 언어로 최초 번역된 불교의 영향을 받은 힌두교 철학 경전 《우파니샤드Upanisad》를 접하게 됐다. 이 신비주의적이고 형이상학적인 동양철학서는 궁극적으로 훨씬 더 긍정적인 전망을 내놓지만 쇼펜하우어는 여기서 자신의 철학과 깊은 공감대를 발견했다. 《우파니샤드》는 집착을 버리고 내려놓으면 삶을 평화롭게 받아들일 수 있다고 말한다. 실제로 쇼펜하우어는 생애 후반으로 가면서 점차 이 사상을 받아들였다. 말년에 그는 《우파니샤드》가 "삶에 큰 위로를 주었으며 죽을 때에도 마찬가지일 것"이라고 서술했다. 쇼펜하우어가 무언가로부터 위로를 받았다고 인정하는 건 우리가 "만세!"라고 소리지르는 것과 비슷하리라.

《우파니샤드》는 쇼펜하우어의 삶을 분명히 바꿔놓은 것으로 보인다. 평범하고 재미없는 방향으로 바뀠다는 게 역설적이지만. 60대에 접어들어 쇼펜하우어는 《어록과 보유 Parerga und Paralipomena》라는 또 하나의 유명한 저서를 내놓았는데, 대부분 자신의 염세철학을 재탕했음에도 눈에 쏙 들어오는 격언집이다(이 책의 일부는 우리나라에서 《쇼펜하우어의 인생론》 등의 제목으로 출판됐다-옮긴이). 여기 수록된 몇 가지 격언을 보면 이렇다. "대체로 우리는 무언가를 잃어버리고 나서야 그 가치를 깨닫는다." "하루하루가 작은 삶과 같다. 잠에서 깨어 일어나는 건 작은 출생이고, 아침 이른 시간은 작은 청년기이며, 잠드는 건 작은 죽음이다." "명예는 잃어버릴 수 있을 뿐 획득할 수 있는 게 아니다."

그렇다. 대부분 꽤 진부한 내용이지만 에피쿠로스의 격언처럼 매력적이라고 생각하는 사람들이 많았다. 《어록과 보유》에서처럼 자신의 가르침을 간결하게 요약하는 쇼펜하우어의 서술방식은 동양종교 서적, 특히 베단타·힌두교 버전의 짧은 격언 모음이라 할 수 있는 《브라마 수트라 Brahma Sutras》의 절대적인 영향을 받았다(베단타 Vedanta는 《우파니샤드》

의 철학적·신비주의적 가르침을 연구하는 힌두교 철학학파 중 하나다-옮긴이).

《여록과 보유》는 단숨에 베스트셀러에 올랐다. 음울함 그 자체였던 쇼펜하우어는 갑자기 장안의 화제가 됐고, 매력적인 연인들과 멋진 파티, 팬레터에 둘러싸였다. 자신의 상징이던 염세적 쾌락주의에 관심을 기울이는 대중도 생겼다. 질풍노도Sturm und Drang(18세기 말 독일에서 일어난 문예운동. 합리주의와 계몽을 향한 맹목적 믿음을 뒤집고 자연·감정·개인에 주목한 것이 특징이다-옮긴이)풍이 엿보이는 쇼펜하우어 사상이 베를린의 카페 바우어Café Bauer(1877년 베를린 중심가에 문을 연 카페로, 예술가나 유명인사들이 자주 찾았다-옮긴이)로 가는 멋진 택시 안에서 읽기 좋을 법한 짧고도 눈에 쏙 들어오는 격언집으로 나오자 사람들은 진짜 낭만적이라며 열광했다.

20세기 철학자 버트런드 러셀Bertrand Russell은 누가 봐도 관대하기 그지없는 인물이었지만, 유독 쇼펜하우어는 터무니없이 위선적인 사람이라고 생각했다. 러셀은 이렇게 말했다. "쇼펜하우어는 습관적으로 호화 레스토랑에서 고급 식사를 즐겼으며, 야하기만 할 뿐 정열은 없는 이런저런 연애 스캔들을 일으켰고, 지나치게 호전적인 데다 놀랍도록 탐욕스럽기까지 했다. (…) 금욕주의와 내려놓음의 미덕을 진심으로 믿었다는 사람이 정작 실생활에서 실천하려고 한 적이 한 번도 없었다는 건 믿기 힘든 일이다."

이렇게 쓰면 마치 러셀에게 편견이나 감정에 호소함으로써 쇼펜하우어를 비판했다는 오명을 씌우는 것일지도 모르겠다. 하지만 쇼펜하우어의 철학이란 궁극적으로 삶을 대하는 태도에 관한 것이며, 삶을 대하는 태도란 무엇보다도 심리적 현상이다. 염세주의는 사람들이 느끼는 감정이며 사물을 보는 관점에 영향을 준다. 이러한 감정에서 철학이 탄생할 수도 있지만 감정이든 철학이든 결국 증명할 수는 없다. 쇼펜하우어의 삶을 현대 심리학자들이 분석한다면 아마도 심각한 자존감 문제를 지녔던 사람이 큰 성공을 거둔 후 우울장애를 극복하고 파티광으로 변했다고 진단할 것이다. 생뚱맞게 파티광으로 거듭난 사람이 세상의 비참함에 지쳤다고 주장해봤자 설득력이 없다는 러셀의 주장은 충분히 이해할 만하다.

어쨌든 이 나이를 먹고 보니 무슨 일이 벌어지든 쇼펜하우어의 염세주의를 오랫동안 가슴 깊이 받아들이기가 불가능하다. 최악의 순간이라 해도 희망을 불어넣어주는 다른 무언가가 따라오게 마련이다. 일상의 사소한 사건에서도 예기치 못하게 삶의 욕구가 되살아난다.

우디 앨런Woody Allen의 영화 〈한나와 그 자매들Hannah and Her Sisters〉 후반부에 감독이 직접 연기하는 인물 미키가 자신이 한때 쇼펜하우어의 염세주의에 심취해서 자살까지 시도한 적이 있다는 긴 독백을 쏟아놓는 장면이 나온다. 자살 시도가 실패한 뒤 뉴욕 거리를 떠돌던 미키는 우연히 극장에 들어가서 막스 형제Marx Brothers(20세기 초중반 미국에서 선풍적 인기를 얻은 가족 코미디 그룹-옮긴이)의 영화 〈식은 죽 먹기Duck Soup〉를 본다. 미키는 그때를 이렇게 회상한다.

"그냥 차분하게 생각을 좀 정리할 시간이 필요할 뿐이었어. 내 세계관을 이성적으로 되돌려놓을 시간 말이야. 2층으로 올라가 자리를 잡고 앉았어. 있잖아, 그 영화는 어렸을 때부터 몇 번이나 봤어. 볼 때마다 재미있었지. 익히 아는 배우들이 화면에 나오는 걸 보다가 다시 영화에 푹 빠져들었어. 그러자 슬슬 그런 느낌이 든 거지. 어떻게 스스로 목숨을 끊을 생각 따윌 할 수 있지? 진짜 바보 같은 생각 아냐? 저기 영화에 나오는 사람들 좀 봐. 진짜 웃기잖아. 최악이 언제나 진실이라 한들 뭐 어떠냐고.

신이 없으면 뭐 어때, 삶은 어차피 한 번뿐인데. 내 말은, 음, 삶이라는 경험의 일부가 되고 싶지 않느냐는 거야…….
그런 생각을 하고 나서 좌석에 푹 기대앉아 영화를 보니 다시 기분이 좋아졌어."

미키 또는 우디 앨런의 통찰 덕분에 오스카 와일드Oscar Wilde의 놀라운 명언이 새삼 생각났다.

"우리는 모두 시궁창에 빠져 있지만, 그래도 그중에는 저 멀리 별들을 바라보는 이들이 있다."

5

인생의 의미는 찾는 것이 아니라 스스로 만드는 것이다

"There is but one truly serious philosophical problem and that is suicide. Judging whether life is or is not worth living amounts to answering the fundamental question of philosophy. All the rest—whether or not the world has three dimensions, whether the mind has nine or twelve categories—comes afterwards."

진정으로 중요한 철학적 문제는 단 하나, 바로 자살이다. 삶이 살 만한 가치가 있느냐 없느냐를 판단하는 것이야말로 철학의 가장 근본적 문제에 답하는 것이다. 세계가 3차원인지, 마음의 범주가 아홉 개인지 열두 개인지 따위는 그 뒤에 생각할 문제다.

— **알베르 카뮈** | 프랑스 철학자(1913~1960), 실존주의자

내가 잠깐 소파에 누워 있더라도 양해하기 바란다. 하지만 알베르 카뮈Albert Camus의 이 말은 서서는 정말로 읽을 수가 없다. 실제로 이 문구를 명언집에 옮겨 적을 즈음 나는 답 없는 우울함의 저 밑바닥까지 가라앉아 있었다. 그래도 카뮈의 격언은 절대적으로 옳을 뿐만 아니라 절대적으로 중요하다고 지금까지 믿고 있다.

철학의 근본 질문이 '삶의 의미란 무엇인가?'라면 우리는 먼저 개개인의 삶이 과연 살 만한 가치가 있는가라는 문제를 파고들어야 한다. 해답 역시 그 안에 있을 것이다. (철학의 근본 질문이 '마음의 범주는 아홉 개인가 아니면 열두 개인가'라고 진심으로 믿는 사람이라면 여기까지만 읽고 멈춰도 좋다.)

카뮈의 선언이 갖는 힘은, 이 세상 모든 생물 중 오직 인간만이 스스로 결정하여 자살을 의식적으로 실행에 옮길 수 있다는 사실에서 비롯한다. (연어도 자신이 태어난 곳으로 헤엄쳐 돌아가는 위험한 여정을 통해 자살을 저지르는 것 아니냐고 구시렁대는 이가 있다면, 연어 떼에게 벌어지는 일은 깊은 철학적 성찰의 결과물이 아니라는 말밖에는 해줄 수 없다.) 의식이 있고 움직일 수 있으며 상황을 이성적으로 해결하는 능력이 있는 사람이라면 스스로 목숨을 끊기로 결정하고 이를 실행하는 건 그 사람의 자유다.

아마도 우리 대부분은 이런 가능성을 진지하게 생각해본 적이 없을 것이다. 이성적으로는 자살이 충분히 가능한 선택이라고 알고 있지만 실제로 심각하게 생각해보지는 않았을 것이다. 어둠침침한 방 안에 홀로 우두커니 앉아 머리로 가슴으로 자살만 생각해본 경험 같은 거 말이다. 생각만 해도 무섭지 않은가.

이야기를 계속하기 전에 카뮈가 제기한 자살에 대한 질문에는 심리학적 관점이 빠져 있다는 사실을 짚고 넘어가야겠다. 예를 들어 정신적으로 문제가 있는 사람은 극심한 심리적 고통에 시달린 나머지 자살만을 유일한 안식이자 해결책으로 느낄 수 있다. 정신과 의사 대부분은 약물과 심리치료 같은 다른 해결책을 알려줄 것이다. 무엇보다 정신과 의사들이라면 자살 충동에 시달리는 사람들을 이성적 범주에 포함시키지 않을 거다. 자살은 정신의학적으로 볼 때 이성적인 행동이 아니다. 물론 카뮈라면 진지하게 자살을 숙고하는 것이 지극히 이성적인 행위라고 말하겠지만.

지인 한 명은 맏딸이 서른도 안 돼 자살했다. 딸은 오랫동안 사회와 스스로 떨어져 대부분의 시간을 숲속에서 혼자 보냈다. 가족과 친구들 모두 걱정했지만 그녀는 정신치료를 받아보라는 주변 사람들의 간청을 완전히 무시했다. 끝내 스스로 목숨을 끊었고 자살 이유를 설명하는 유서 한 줄 남기지 않았다. 많은 이가 슬퍼했고 딸을 잃은 아버지는 낙담하여 몇 년 동안 고향을 떠나 있었다. 고향으로 돌아왔을 때 그는 한결 평화로워 보였다. 한 친구에게 그는 이렇게 말했다. "내가 슬펐던 건 딸이 살아 있지 않아서만은 아니네. 딸이 살아갈 이유를 찾았으면 좋겠다고 바랐기 때문이야." 용감하게 그리고 절실하게 그는 자신에게 찾아온 비극의 근원을 스스로 탐색한 것이다.

내가 보기에 자살을 고려하는 개인을 가장 강렬하고 섬뜩하게 묘사한 글은 그레이엄 그린Graham Greene(20세기를 대표하는 영국 소설가-옮긴이)의 걸작이자 자전 에세이 〈구석 찬장 속 리볼버The Revolver in the Corner Cupboard〉다. 십 대 시절 어찌할 수 없는 공허감에 시달리던 그린은 형의 권총을 훔쳐 버컴스테드 코먼 공원으로 가서 혼자 러시안룰렛을 하곤 했다. 총알 한 발을 장전해서 탄창을 한 번 돌린 뒤 머리에 총구를 대고 방아쇠를 당겼다. 딸깍 소리만 나고 총알이 실제로 발사되지 않았을 때(다행히 총알이 정말로 나간 적은 한 번도 없었다) 그는 압도적인 행복감을 느꼈다. "불이 반짝 하고 들어온 느낌이었다. (…) 삶에는 무한한 가능성이 있다는 생각이 들었다."

카뮈라면 러시안룰렛 같은 방법은 추천하지 않을 것이다. 삶을 계속할 것인가라는 가장 중요한 실존적 결정을 운명의 손에 맡길 수는 없기 때문이다. 하지만 그린의 행동은 자살이라는 상황을 직접 대면하면 우리가 어떻게 궁극적으로 살아갈 이유를 갖게 되는지를 극적으로 보여준다. 계속 살 것인지 아닌지가 자신의 결정에 달렸다는 사실을 확실하게 인식했다면, 살아갈 이유가 있는지 없는지 결정할 갈림길에 이미 다다른 것이다. 모든 것이 선명해졌다. 계속 살아 있기를, 그러니까 삶을 선택하는 일은 스스로 삶의 의미를 만드는 첫걸음이다. 우리가 살아 있기로 결정한 데는 분명한 이유가 있다. 구체적인 이유 없이 '난 그냥 죽기 싫어'라는 생각뿐이라 해도 말이다.

"삶의 의미를 찾아 헤매고 있다면 그것은 삶이 아니다." 소설《이방인L'Étranger》에서 카뮈가 이렇게 말한 건 바로 이 점을 다른 각도에서 언급한 것이다. 삶의 의미란 찾아다니는 것이 아니라 우리가 스스로 만드는 것이다. 그리고 자살을 생각함으로써 스스로가 만든 삶의 의미에 온전히 도달할 수 있다.

자유의지는 믿는 편이 낫다

"My first act of free will shall be to believe in free will."

자유의지로 무언가를 최초로 행한다면, 그 일은 아마도 자유의지의 존재를 믿는 것일 것이다.

— **윌리엄 제임스** | 미국 철학자·심리학자(1842~1910), 실용주의자

삶의 의미를 선택하기 전에 자유롭고 독립적인 의지가 있는지부터 질문해보는 게 좋겠다.

에피쿠로스가 명언계의 왕자라면 윌리엄 제임스William James는 명언계의 최고경영자쯤 된다. 이 명언에서 제임스는 가장 간명하고도 효율적으로 자유의지에 대한 믿음을 설파한다.

철학사에서 '자유의지 대 결정론' 논쟁은 아리스토텔레스 시대부터 불거졌지만 최근 들어 첨단과학을 통해 두뇌에 관한 많은 사실이 발견되면서 결정론자들의 주장에 좀 더 힘이 실리는 듯하다. 뇌지도는 머릿속에서 벌어지고 있는 놀랄 만큼 많은 인과관계와 의사결정을 보여준다. 뇌과학자들은 우리가 '자유결정'이라고 부르는 것이 사실은 원자들이 임의적으로 운동한 결과일 뿐이라고 주장한다.

이 문제를 생각해보기 전에 먼저 내가 가장 좋아하는 철학 관련 글 제목으로 한숨 돌려보자. "템플턴재단이 돈으로 철학의 가치를 절하시키다.Templeton Uses Its Wealth to Debase Philosophy"(템플턴재단은 해마다 종교계의 노벨상이라 불리는 템플턴상을 수여한다. 여기에서 말하는 글이란 시카고대학교 생물학 교수 제리 코인Jerry Coyne이 자신의 블로그에 올린 글을 일컫는 것으로 보인다–옮긴이)

이 글은 '자유의지 문제free will question'에 대한 절대적 해답을 내놓을 목적으로 템플턴재단이 440만 달러 규모의 연구기금을 마련했다는 내용을 담고 있다. 기금 수상자로 선정된 플로리다주립대학교 철학과 학과장 앨프리드 밀리Alfred Mele는 이를 매우 기쁘게 수락했다. 이 정도 규모의 연구기금이 철학과에 수여된 적은 지금껏 어디서도 없었다. '존재가 무無와 다른 이유는 무엇인가?' 같은 철학적 질문과 관련된 연구를 진흥할 목적으로는 마지못해 단 몇천 달러라도 내놓은 사람이 없다. 그렇다면 플로리다주립대학교가 얻어낸 믿을 수 없는 횡재가 어째서 철학의 가치를 절하한다는 것일까?

돈의 출처를 추적해가면 답이 나온다. 억만장자이자 템플턴재단의 최고경영자인 존 템플턴John Templeton은 독실한 기독교 근본주의자로 임사臨死체험이 내세의 가능성에 끼치는 영향을 연구하기 위해 캘리포니아대학교에 500만 달러를 기부한 적이 있다. 철학자가 아닌 사람 눈에도 템플턴이 자신의 신념을 돈으로 입증하려는 의도로밖에 보이지 않는다. 항우울제 팍실Paxil을 제조하는 거대 제약회사 글락소스미스클라인GlaxoSmithKline이 대학 실험실에 120만 달러를 기부해 효과적인 우울장애 치료법을 연구하게 하는 것과 크게 다르지 않다. (글락소스미스클라인은 실제로 그렇게 했으며 실험 결과는 당연히 팍실이 우울장애 치료에 효과가 있는 것으로 나왔다.)

나는 템플턴이 그런 일에 돈을 써서 뭘 얻으려고 하는지 정말 궁금하다. 철학자나 뇌과학자가 내세가 존재한다고 일치된 주장을 내놓는다면 내세가 진짜로 존재한다는 뜻이고 따라서 편안히 죽을 수 있다고 생각하는 걸까? 템플턴이 학계를 그렇게나 믿어주다니 완전 감동이다. 정작 학자들은 돈의 액수에 영향을 받을 수도 있겠지만.

그런데 왜 하필 지금 와서 템플턴은 '자유의지 대 결정론' 논쟁에 그렇게나 많은 돈을 쏟아부었을까?

현재 우위를 점하고 있는 뇌과학 쪽 결정론자들의 주장이 옳다면 의심의 여지 없이 도덕적 책임이라는 주제에 섬뜩한 영향을 끼칠 것이기 때문이다. 인간에게 자유의지가 없다면 누군가 아무리 나쁜 짓을 저지른다 해도 어떻게 책임을 질 수 있는가? 제멋대로 뛰어다니는 원자가 시켜서 한 일인데 말이다. 템플턴 같은 독실한 기독교인은 이런 관점을 특히 불쾌하게 여긴다. 성경이 말하는 죄와 구원 개념에 결정론이 어떻게 개입할 것인가? 게다가 뇌과학자들의 주장에는 이 우주 안의 모든 것을 물질로 환원할 수 있다는 생각이 숨어 있다. 마음은 뇌세포의 활동으로 환원할 수 있으니 궁극적으로는 뇌세포만이 진짜인 것이다. 철학 용어를 빌리면 일원론자monist인 뇌과학자들은 물질계와 비물질계의 존재를 동시에 수용하는 이원론dualism을 거부한다. 틀림없이 템플턴은 일원론을 원하지 않는다.

스폰서 광고 시간이 끝났으니 이제 '자유의지 대 결정론' 논쟁으로 돌아가자. 이 논쟁은 자신의 의지로 삶의 의미를 만드는 실존주의적 과제를 시작하려는 사람에게도 영향을 끼친다.

나는 늘 윌리엄 제임스의 고지식한 실용주의에 이끌린다. 제임스의 목표는 철학을 실생활과 연관짓는 것이며 자유의지라는 질문에 관해서도 위트까지 갖춘 훌륭한 대답을 내놓는다. "내가 자유의지로 무언가를 최초로 행한다면 그 일은 아마 자유의지의 존재를 믿는 것일 것이다."

이 말에 숨은 핵심은 객관적이고 과학적으로 자유의지의 존재를 증명할 방법은 없다는 것이다. 엑스레이 기기를 이용해서 볼 수도 없다(엑스선은 제임스가 살던 시절에 발견됐다). 따라서 그 존재를 받아들이는 것은 믿음의 문제에 가깝다. 우리가 믿겠다고 선택하는 것이다. 여기에 제임스의 소소한 개그가 숨어 있다. 어떤 존재를 믿겠다는 선택은 의지에 따른 행위다. 의지가 없다면 선택도 없다. 사실 어떻게 자유의지를 믿지 않겠다고 '선택'할 수 있는가? 그 경우 어떤 결정인자가 그러한 선택을 강요했다고 봐야 할 것이다. 따라서 제임스의 자유의지 선언은 놀랍도록 순환적이다. 그는 선택이라는 행위만으로 이미 자유의지라는 사상을 받아들이고 있다. 정확히는 자유의지를 믿겠다는 선택으로 말이다.

제임스가 내린 결정에서 실용주의적인 부분은 자유의지에 대한 믿음이 직관적이라는 것이다. 자유의지는 인간이라고 느끼는 데 가장 중요한 부분이며 '나'라는 존재를 이루는 근본이다. 말하자면 통제할 수 없는 힘이 우리의 행위를 결정한다고 믿는 게 유용하거나 위안이 될 때까지는 말이다. 그러면 우리는 "악마가 그렇게 하라고 시켰어요" 같은 사고방식으로 돌아온다. "배심원 여러분, 판결을 내리기 전에 내 상처받은 어린 시절을 고려해주십시오. 모두가 내 성장과정 탓에 벌어진 일입니다." 그러고는 내가 사랑해 마지않는 '트윙키 변론'이 등장한다. "내가 먹은 트윙키에 설탕이 너무 많이 함유돼 있었기 때문에 방아쇠를 당긴 겁니다." 실제 샌프란시스코 살인죄 공판에서 나온 말이다. [영화 〈밀크〉의 배경이 된 일화로 잘 알려진, 1978년 전직 샌프란시스코 시의원 댄 화이트Dan White가 샌프란시스코 시장 조지 모스콘George Moscone과 시정감시관 하비 밀크Harvey Milk를 권총으로 살해한 사건으로, 실제 재판 변론에서는 트윙키라고 특정해 발언한 적이 없으나 언론이 대중의 관심을 얻기 위해 증언 내용을 왜곡·과장한 결과로 나온 말이다–옮긴이]

자신의 선택이 이미 결정되어 있다고 생각한다면 개인의 행동이 어떻게 바뀔까? 어떻게 모든 일이 결정된 대로 일어나게 내버려둘 수 있을까? 그렇게 두도록 결정하는 사람은 정확히 누구인가? 평생은 고사하고 단 하루를 보내기에도 유용하거나 기분 좋은 방식은 확실히 아니다.

그러나 윌리엄 제임스는 자유의지가 존재하는 것처럼 행동하는 실용주의적 주장에 완전히 만족하는 천진난만한 철학자가 아니었다(반면 나는 이 주장에 완전히 만족한다). 몇 년 뒤 하버드신학대학원 학생들을 가르치는 동안 제임스는 자유의지에 관한 문제를 놀랍도록 기발하고도 상상력 넘치는 방식으로 탐구했다. 그는 내가 가장 좋아하는 철학적 방법론인 '사고실험'을 사용했다.

제임스는 다음과 같은 질문으로 포문을 연다. "수업이 끝나고 어느 길로 집에 갈지가 불확실하고 운에 달린 문제라면 그 의미는 무엇일까요? (…) 디비너티가와 옥스포드가가 둘 다 (가능한 선택지로 마음속에) 떠오르지만 결국 하나만 선택할 거라는 뜻입니다."

그러고는 본격적이고 과격한 사고실험을 시작한다.

"먼저 내가 디비너티가로 간다고 생각해봅시다. 이때 우주를 지배하는 힘이 10분이라는 시간과 그 시간 동안 일어나는 모든 일을 통째로 지워 무효로 만들어버린 다음 나를 이 강의실 문 앞으로, 그러니까 어느 길로 갈지 결정하기 전으로 되돌려놓는다고 생각해보죠. 이제 다른 모든 요소가 동일한 상황에서 나는 선택을 바꿔 옥스포드가로 가기로 합니다. 구경꾼 입장인 여러분은 양자택일의 우주를 보게 됩니다. 디비너티가를 걸어가는 우주와 똑같은 내가 옥스포드가를 걸어가는 우주 말이죠. 이제 여러분이 결정론자라면 이 두 가지 우주 중 하나는 영겁의 시간을 거쳐왔을 리가 없다고 생각할 것입니다. 본질적으로 비합리적이기 때문이거나 어딘가에 우연적으로 비합리성이 개입했기 때문이죠. 그러나 이 두 가지 우주의 겉모습을 보고 어느 쪽이 우연적이고 불가능한지, 어느 쪽이 합리적이고 가능한지 과연 여러분은 고를 수 있을까요? 아무리 엄격한 결정론자라고 해도 이 질문에 감이라도 잡을 수 있을지 의심스럽습니다. 다시 말해 우리가 관찰하고 이해하는 수단들을 통해서는 어느 쪽 우주든 다른 쪽과 마찬가지로 합리적으로 보일 겁니다."

선뜻 이해하기 힘들긴 하지만 탁월한 설명이다.

7

이미 다 정해졌다고 생각하면 편한가?

"Existence precedes essence."

실존은 본질에 앞선다.

— **장 폴 사르트르** | 프랑스 철학자(1905~1980), 실존주의자

장 폴 사르트르Jean Paul Sartre와 또 다른 실존주의자 알베르 카뮈의 저서를 읽고 나는 실존주의에 완전히 매료됐다. 실존주의는 그야말로 의미를 찾고 어떻게 행동해야 하는지를 고민하는 삶에 관한 철학이었다. 좀 머리 아프고 지나치게 추상적인 부분도 있었지만(내 대학 동기 하나는 사르트르의 《존재와 무Letre et le neant》를 읽으려 했으나 '무' 부분에 이르자 눈이 침침해져서 더는 읽을 수 없었다고 말했다) 내가 처음부터 찾아 헤매던 그런 종류의 철학이었다.

가장 짧은 말로 철학적 입장 전부를 요약하는 대회가 있다면 앞 쪽의 사르트르의 한 마디가 우승 트로피를 차지할 것이다. 적어도 근대 경험론의 토대가 된 조지 버클리George Berkeley가 한 말 "존재한다는 것은 지각된다는 것이다Esse est percipi"와 공동 우승 정도는 가능하다.

사르트르에 따르면 이 세상 모든 사물(예를 들어 내 토스터)과 달리 인간은 자신의 특성으로 정의할 수 없다. 토스터는 빵 같은 걸 굽기 위해 만들어졌고 그 기능이 토스터의 목적이자 본질이다.

그러나 우리 인간은 스스로 자신의 근본적 특성과 목적을 만들 뿐 아니라 이를 도중에 바꿀 수도 있다. 따라서 우리에게 결정적인 불변의 본질이 있다고 말하는 건 아무 의미가 없다. 우리는 우선 존재하고 그다음에 자신을 창조한다. 이는 내 토스터가 아무리 간절히 원해도 할 수 없는 일이다.

물론 사르트르의 말이 인간이 자신의 물리적 특징까지 스스로 만들 수 있다는 뜻은 아니다. 내 의지로 키를 늘릴 수는 없으며 모로코 출신이 될 수도 없다. 그러나 중요한 사실은 어떻게 살고 싶은지, 한정된 이 세상에서의 시간 동안 무엇을 하고 싶은지, 기꺼이 목숨을 바칠 대상이 무엇인지 등을 스스로 결정할 수 있다는 것이다. 근본적으로 나를 인간 개인으로 존재할 수 있게 만드는 이 모든 특질을 스스로 얻어낼 수 있다.

사르트르, 그와 커피를 마시던 동료 실존주의자 카뮈와 시몬 드 보부아르Simone de Beauvoir는 윌리엄 제임스와 같은 방식으로 '자유의지 대 결정론' 수수께끼에 대한 답을 내놓았다. 그들이 자유의지를 갖고 최초로 한 행동은 바로 실존이 본질에 우선한다고 선언한 것이다. 이제 본론으로 들어가보자.

사르트르는 인간 고유의 잠재력에 관해 설명만 한 게 아니라, 우리에게 이를 인정하는 동시에 그 결과에 책임을 지라고 강력히 촉구했다. 이러한 인간 고유의 능력을 인정하지 않는 것은 자신의 존재 자체를 버리는 일이며 스스로를 비인간적 대상으로 만들어버리는 것과 같다는 것이다.

우리가 어떤 다양한 방식으로 무심코 자신을 대상화하는지, 다시 말해 우리가 어떻게 본질이 실존에 앞서는 듯이 행동하는지에 대한 사르트르의 언급은 무시무시하다. 우리는 스스로 자신을 만들어갈 책임을 마치 뱀이 허물을 벗듯 벗어던지며 이렇게 주장한다. "이게 나야. 난 원래 이래." "내가 담배를 피우는 건 쉽게 중독되는 성격 때문이야. 그렇게 타고난 걸 어떡해." "난 여호와를 믿어. 어머니가 그러라고 시켰으니까. 난 그렇게 자랐어." 본질적 성격이 미리 다 정해져 있다고 여기기도 한다. "난 아내예요. 그게 바로 내 정체성이죠." 물론 '아내'라는 정체성을 갖기로 선택하는 일은 완벽하게 의미가 있지만 그게 원래부터 정해져 있는 정체성이라고(불변의 본질이라고) 생각한다면 자신을 인간이 아닌 대상으로 격하시키는 것과 다름없다.

사르트르에 따르면 신이 처음부터 우리의 본질을 정해놓았다는 유대교·기독교 신조 때문에 역사적으로 인간은 자신을 대상화하는 경향이 있다. 본질을 정하는 건 하느님의 특권이라는 것이다. 따라서 우리가 스스로 자신의 본질을 만들 수 있다고 생각하는 건 신성모독이다. 하지만 우리가 자신을 창조할 책임을 방기하고 회피하는 가장 큰 이유는 그게 엄청나게 무서운 일이기 때문이다. 내가 내 운명의 주인인데 내 운명이 잘 풀리지 않는다면 스스로를 탓할 수밖에 없을 테니 말이다.

어쨌든 모든 걸 고려해보면 이러한 실존주의적 가르침은

삶에 대한 다른 어떤 철학보다 내게 큰 반향을 일으킨다. 삶의 의미란 단순히 바라보는 게 아니라 스스로 만들어나가는 것이라는 생각은 내게 꼭 맞다. 실은 완전히 본질적인 것으로 보인다.

8

진짜 자아를 꺼내는 위험한 방법

"The secret of the greatest fruitfulness and the greatest enjoyment of existence is: to live dangerously!"

존재를 가장 보람 있고 가장 즐겁게 누리는 비결은 위험하게 사는 것이다!

– **프리드리히 니체** | 독일 철학자(1844~1900), 언어학자, 철학자, 사회비평가

내가 실존주의적 자유의 열락에 빠져 허우적대고 있을 때 대학 동기 하나가 프리드리히 니체Friedrich Nietzsche의 《자라투스트라는 이렇게 말했다Also Sprach Zarathustra》를 건네며 말했다.
"어이, 다시 한번 생각해봐."

니체는 우리가 삶을 스스로 만든다는 사실에 동의하지만 모든 삶의 의미를 동등하게 만드는 것은 아니라고 주장한다. 중요성이라는 잣대로 볼 때 필연적으로 가치가 더 높은 삶이 있다는 것이다.

니체를 읽기 전 나는 여러 가지를 고려해봤고 느긋하게 사는 게 가장 행복할 것 같았다. 심각한 사건 따위 없는 단순한 즐거움, 에피쿠로스식 쾌락주의를 지나치게 튀지 않게 미국식으로 약간 바꾼 그런 삶 말이다. 고향 친구인 프랭크 버스비Frank Busby가 딱 그렇게 산다. 버스비는 늘 행복하고 마음에 여유가 있으며, 멋진 아버지이자 남편이고 자신의 일을 사랑하며, 소방서 자원봉사자로서도 좋은 평판을 얻고 있다. 충분히 좋은 삶인 것 같다. 또한 내가 스스로 생각해낸 내가 원하는 삶이기도 하다. 그렇지 않은가?

그러나 속단하지 말라고 니체는 말한다. 우리 중 누군가는 평범함을 훨씬 뛰어넘는 삶을 살 수 있는 능력이 있으며, 온전히 그런 삶을 살기 위해 노력하는 것이 우리의 의무라는 것이다. 니체는 이를 '삶의 긍정'이라 부른다.

버스비는 종교와 사회가 용납하는 규칙들을 충실히 지키는 단순하고 편안한 삶에 만족하고 있는지 모른다. 하지만 니체는 버스비의 선택을 의지박약이라 부를 것이다. 사실 니체에 따르면 버스비는 자신의 삶을 결코 선택하지 않았다. 사회에서 받은 대본을 그대로 따르고 있을 뿐이다. 버스비는 '무리 본능herd instinct'을 떨쳐낼 수 없는 것이다. 무엇보다 자신이 무리의 일부라는 사실조차 제대로 자각하지 못하고 자신의 진정한 모습과 감정을 대면하지 못하기 때문에 결국 버스비는 진실로 살아 있는 것도 살아가는 것도 아니다.

나는 정말로 버스비처럼 살고 싶은 것일까?

니체는 여러 분야에 걸쳐 글을 쓰고 격언을 남겼다. 후대의 여러 철학자와 심리학자가 대부분을 다채롭게 재해석했다. 하지만 '어떻게 살아야 하는가'라는 질문을 던지면 니체는 분명히 "너 자신에게 진실하라To thine own self be true"(원래 셰익스피어의 《햄릿》에 나오는 말이다-옮긴이)라는 말의 개념을 극단까지 확대하라고 답할 것이다.

스스로에게 정직하고픈 사람이라면 신이나 영혼 같은 초월적 존재에 의존해 자신을 이해하지 말아야 한다. 자신이 이 세상에 존재한다는 사실을 모든 것의 출발점으로 삼아야 한다. 심리적·지적으로 타고난 부분을 무시하고 살아가려면 엄청난 노력이 계속 필요하며 이는 생애에 걸쳐 잠재된 위험을 안고 가는 투쟁이다.

그러나 그렇게 용감한 사람이 찾아헤매는 진정한 자아의 본질은 대체 무엇인가? 이와 관련해 니체는 내면 깊은 곳에서 발견하는 것이 실상 그리 아름답지는 않을 것이라고 생각했다. 부지런한 사람이라면 내면 깊은 곳에 있는 미치광이·배신자·어릿광대·범죄자 같은 면을 보게 될 것이라고 니체는 말한다. 그런 과정을 거치고 나서야 비로소 좀 더 가치 있는 쪽을 볼 수 있으며 자신의 진정한 본질을 실현할 준비를 갖출 수 있는 것이다. 버스비의 삶과는 매우 달라 보인다.

현대 철학자 토머스 네이글Thomas Nagel은 니체다운 삶을 다음과 같이 정확하게 설명한다. "중요한 점은 (…) 삶을 있는 그대로 복잡하게, 다시 말해 세상에 융화하며 피상적으로 만족하는 문명화된 존재가 인식하는 것보다 훨씬 더 어둡고 모순적이며 충동·열정·잔인함·희열·광기로 꽉 차 있는 것으로 받아들이는 것이다."

그래, 확실히 위험한 삶일 것 같다.

1960년대와 1970년대에는 자신의 참된 자아를 찾고 이를 마음껏 분출해야 한다는 생각이 널리 퍼져 있었다. 이 목표를 위해 대부분은 정신분석·집단치료·초월명상 수련·향정신성 마약에 빠져들었고, 딴생각도 기만도 상투적인 헛소리도 다 떨쳐버리려 애쓰면서 끝없는 대화를 나누곤 했다. 그 과정에서 많은 이가 사랑과 우정이 박살나는 경험을 했다.

환각성 약물의 선구자이자 이 시기 가장 중요한 정신적 지도자였던 티머시 리어리Timothy Leary(미국 출신 심리학자. LSD 같은 향정신성 약물 사용을 강력히 옹호했다 – 옮긴이)는 우리에게 "환각에 도달하고, 깨달음을 체화하고, 일상에서 탈피하라Turn on, Tune in, Drop out"고 요구했다. 리어리의 메시지는 자신이 만든 명상 가이드 비디오 〈두뇌 사용법How to Operate Your Brain〉에서 한 말과 마찬가지로 명백히 니체스러운 주제를 담고 있다. "인류역사를 통틀어 우리가 직면한 공포스럽고 끔찍한 사실이 있다. 우리는 자신이 누구인지, 이 거대한 카오스의 바다에서 어디로 가고 있는지를 모르며, 정치 · 종교 · 교육 권력이 명령과 규칙과 법규를 통해 그들이 원하는 관점으로 현실을 보여주고 우리의 마음을 조작함으로써 우리를 거짓으로 안심시키려 한다는 것이다. 스스로 생각하려면 권력에 의문을 품어야 하며, 열린 마음으로 자기 자신을 혼돈과 혼란의 취약한 상태에 놓아 스스로 정보를 얻는 법을 배워야 한다."

당시 많은 사람이 자신의 '참된 자아'가 순응을 강요하는 사회에 억눌렸다고 생각했다. 그래서 직장이나 학교를 그만

두고 여행을 떠났으며 누구에게도 설명할 수 없는 자유로운 영혼으로 살기를 진심으로 원한다는 것을 깨달았다. 미쳤거나 비도덕적이거나 상식에 어긋나거나 심지어 범죄적인 충동이라도 무조건 따랐다. 몇몇의 청바지 뒷주머니에는 너덜너덜해진《자라투스트라는 이렇게 말했다》가 꽂혀 있었다.

그때 나는 순응과 비순응의 세계 사이에서 어설프게 양다리를 걸치려 했다. 몇 년 동안 틀에 박힌 방식으로 생계를 유지하다가 다시 한동안 미지의 세계로 떠났다. 직장생활을 하던 시절, 낮에는 텔레비전 게임쇼 대본을 썼지만 밤이나 주말에는 전혀 다른 삶을 쫓아다녔다. 두 세계를 오가며 사는 것이 언제나 쉽지는 않았지만 즐거운 순간도 많았다.

어느 월요일, 주말 동안 LSD에 흠뻑 절어 있던 탓에 여전히 멍한 상태로 게임쇼 〈별을 잡아라Reach for the Stars〉 제작 사무실에 출근했다. 출연자들에게 게임을 설명하는 멘트를 만드는 게 내 일이었다. "바지 위에 이 초대형 사각 팬티를 겹쳐 입으세요. 이제 30초 동안 그 안에 풍선 열 개를 넣어야 합니다. 터뜨리지 말고요." 놀라우리만치 일이 잘 풀린 하루였다.

이중생활을 유지하다 보니 위선적으로 굴기 일쑤였지만 그로 인해 내 안에 새롭게 자라나던 순응성, 정확하게는 '히피'적인 순응성을 새롭게 바라볼 수 있다는 이점도 있었다.

하루는 출근하려고 지하철역 쪽으로 걸어가는데 나랑 나이가 비슷해 보이는 한 사람이 내게 다가왔다. 나는 회사에서 늘 입는 치노바지와 체크무늬 셔츠를 입고 있었다. 반면 그 사람은 닳아빠진 나팔바지, 홀치기 염색 티셔츠, 색깔 요란한 헤어밴드에 커다란 깃털까지 꽂은 완전한 히피족 차림이었다. 유쾌하고 대담해 보이는 모습에 나는 감탄했다. 그가 말했다. "어이 형제, 1달러만 주지 않겠나!" 내키지 않아 돈을 주지 않자 그 사람은 거만하게 얼굴을 찡그리고 내뱉었다. "그럴 줄 알았어. 쩨쩨한 자식!"

그 말이 맞는지도 모르겠다. 난 쩨쩨하게 굴었다. 하지만 '쩨쩨하다'와 '힙하다'로 모든 걸 가르던 히피들 특유의 잣대를 들이대는 모습을 보고 있자니 이 사람은 1950년대에 교외에 거주하는 중산층 사람들과 하등 다를 게 없다는 생각이 들었다. 이 젊은 히피는 자신을 내집단인 '힙' 그룹에, 나를 외집단인 '쩨쩨' 그룹에 넣었다. 고등학교 시절과 완전히 똑같았다. 미식축구팀 로고가 새겨진 트레이닝 셔츠가 아닌 홀치기 염색 티셔츠를 입고 있었다는 것만 빼고는.

그러나 결국 힙하든 쩨쩨하든 우리 대부분은 마음속 깊숙이 품고 있던 모순과 싸우는 일을 은연중에 그만두고 내 친구 버스비처럼 새로운 '상투적인' 삶을 더 즐겼다. 여전히 위험하게 사는 사람도 있었지만 그 위험이란 경찰관의 처분이나 부모님의 반대 같은 것이었고, 우리는 내면의 모순과 실존의 공포가 주는 위험에 맞서지 못하고 도피하고만 있었다. 진정한 니체적 인간이라면 삶의 매 순간 이런 위험에 직면한다. 예를 들어 내면의 자아 중 일부분이(아주 사소한 부분이라도) 안락한 집에서 배우자, 두 자녀, 개 한 마리와 사는 행복한 모습을 그리고 있다고 스스로 인정하는 히피는 극히 드물었다.

그 시절에 '자아실현self-actualization'이란 심리치료계에서 누구나 할 수 있는 가내수공업 같은 것이었다. 개중에 이단아로 볼 수 있는 심리학자 에이브러햄 매슬로Abraham Maslow는 이렇게 말했다. "자아를 실현하고자 하는 갈망은 자신이 되고자 하는 모든 것을 더욱더 많이 이루려는 갈망이다." 매슬로는 '자아실현'이 모든 심리치료의 궁극적 목표가 되어야 한다고 생각했다. 위험하지만 진실되게 살라는 니체의 처방전은, 행복한 사람이 되기 위해 자신에게 만족하는 방법으로 변모했다.

나는 지난 몇십 년 동안 가장 깊은 자아를 탐구하는 데 그다지 흥미가 없었음을 인정해야 할 것 같다. 시간이 흐르고 나니 그런 걸 추구하는 게 덧없이 느껴지기도 했다. 자아를 찾았다 싶으면 언제나 그 밑에 또 다른 자아가 끝도 없이 숨어 있는 것 같았다. 내 친구 하나가 빈정대듯 말한 것처럼 "우리는 사실 뼛속까지 피상적인 존재"인지도 모른다. 니체라면 그 사실마저도 직면하고 끝없는 내면의 모순으로 퇴행하지 않도록 계속 싸우라고 근엄하게 경고하겠지. 하지만 요즘 나는 좋든 나쁘든 지금의 나와 평화롭게 지내고 싶을 뿐이다. 초인을 갈망하기보다는 그냥 보통 인간이고 싶다. 에피쿠로스가 가꾼 정원에서 고요한 쾌락주의를 즐기는 쪽을 선택한 것이다. 나는 버스비와 비슷한 면이 많은 것 같다.

9

인생은 거대한 농담이다

"Nature, with her customary beneficence, has ordained that man shall not learn how to live until the reasons for living are stolen from him, that he shall find no enjoyment until he has become incapable of vivid pleasure."

자연이 준 선물 덕분에 인간은 삶의 이유를 빼앗기고 나서야 어떻게 살아야 할지 알 수 있고, 생생한 쾌락을 누릴 수 없게 돼서야 즐거움을 찾을 수 있다.

— **자코모 레오파르디** | 이탈리아 시인·철학자(1798~1837), 염세주의자

아리스티포스식 쾌락주의야말로 따라가야 할 길인데 그러기에 이미 너무 나이 들었다면 어떡해야 할까? 아, 끔찍하다! 그렇다면 잠시 자코모 레오파르디Giacomo Leopardi의 사상에 몸을 맡겨보자. 레오파르디는 19세기 초에 명성을 얻은 이탈리아 시인이자 철학자로, 앞서 말한 난감한 상황을 특유의 우울한 색채로 멋지게 해결해줄 인물이다. 나는 최근 들어서야 이 명언을 접했다. 다시 말해 뭔가 손을 쓰기에 이미 너무 늦어버린 시점에서야 말이다. 어쨌든 마조히즘적 희열을 느끼면서 명언집에 이 말을 옮겨 적었다.

레오파르디는 귀족가문 출신에 보수적인 가톨릭 사제들에게 교육을 받고 자랐지만, 허무주의와 염세주의의 교주 같은 존재가 됐다. 그에게 인생은 끝없이 실망스러운 경험의 연속이었다. 다음 격언으로 그의 사상을 요약할 수 있다. "모든 것은 결국 나빠질 뿐이고…… 그다음에는 더 나빠진다."

레오파르디는 삶 전체를 러시아 악담에 나오는 결말 같은 것으로 생각했다. 말하자면 이런 거다. "길에 1루블이 떨어져 있는 걸 봐도 줍지 못하게 관절염에나 걸려버려라." 내가 좋아하는 욕은 이거다. "네가 처먹어야 하는 약이 해마다 1,000개씩 늘어라."

레오파르디에게 삶이란 거대한 농담 같은 것이다. 우리에겐 약속으로 가득한 삶이 주어졌지만 결국 우리가 얻는 것이라곤 실망 뒤에 오는 또 다른 실망뿐이다. 하. 하.

철학적 염세주의는 단순히 삶을 감정적으로 대하는 태도만이 아니라 진보라는 개념 자체에 대한 반박이기도 하다. 염세주의는 더 완벽한 세상을 계속 찾아나가야 한다는 서양의 정신을 비난한다. 사회운동과 정치운동을 추동했던 그 모든 이데올로기를 말이다. 모두가 한 번은 시도해보았을 자기계발 전략은 말할 나위도 없다. 실망과 절망의 폭탄을 닥치는 대로 떨어뜨릴 폭격기가 머리 위에 널려 있는 이 세상에서 진보를 위해 노력하는 건 농담 같은 일이다. 그것도 아주 고약한. 무엇보다도 철학적 염세주의는 자비롭고 선의에 가득 찬 신에 대한 믿음에서 비롯된 낙관주의를 저격한다.

레오파르디가 염세주의자이긴 하지만 낙관적인 반전도 있다. 일단 삶이 끝없는 실망의 연속이라는 우울한 사실을 인정하고 나면 이에 대해 웃으면서 말할 수 있으며 그 덕에 해방감이 생긴다. 역설적이고 달콤쌉싸름한 방식으로 인생이 재미있어지기 시작한다. 레오파르디의 관점은 존재의 덧없음을 노래한 1960년대 팝 찬가를 닮았다. "그것뿐인가요?"라고 페기 리Peggy Lee는 노래했다. "정말로 그것뿐이라면 벗들이여, 계속 춤을 추어요. 술병을 따고 파티를 벌여요."(페기 리의 〈그것뿐인가요?Is That All There Is?〉 가사-옮긴이)

레오파르디는 이렇게 말했다. "웃을 용기가 있는 사람은 언제나 죽을 준비가 되어 있는 사람과 마찬가지로 세상의 주인이다." 저서 《실용철학 편람Manuale di filosofia pratica》에서는 행복을 추구하는 일을 다음과 같이 비웃었다. "무언가에서 그대가 찾는 것이 즐거움이라면 절대로 찾아내지 못할 것이다. 기껏해야 종종 노이아noia(존재의 권태)와 혐오만을 느낄 수 있을 것이다. 어떤 행위를 하든 간에 즐거움을 느끼려면 즐거움과는 다른 쪽을 따라가야 한다."

다시 말해 행복을 추구하다 보면 막다른 골목에 몰릴 수밖에 없지만, 행복을 좇길 포기한다면 다른 종류의 격렬하고 열광적인 시간을 즐길 수 있다는 것이다.

"생생한 쾌락을 누릴 수 없게 돼서야 즐거움을 찾을 수 있다"라는 레오파르디의 말은 확실히 이 늙은이의 신경을 건드린다. 그래요, 레오파르디 씨. "생생한 쾌락"이라는 것 대부분은 나이를 먹으면서 힘이 빠진다오. 페기 리의 노래는 요즘 들어 더 감미롭게 들리지만 말 그대로 '듣는 것' 자체가 갈수록 어려워지는구려. 그래도 새벽에 아내랑 함께 거실 소파에 누워 가슴 시리게 아름다운 자크 브렐Jacque Brel(프랑스 가수-옮긴이)의 노래 〈날 떠나지 말아요Ne Me Quitte Pas〉를 희미해져가는 청력에 맞춰 볼륨을 높여 듣고 있노라면, 가끔은 그 생생한 쾌락이라는 걸 넘어서는 평화를 찾았다고 느끼곤 했다오.

그래도 나도 때로는 궁금해질 때가 있음을 인정한다. 내 감각이 아직 멀쩡했을 때 쾌락주의의 한계에 도전해봤다면 어땠을까? 하나뿐인 삶은 그로 인해 더 풍성해졌을까?

이런 생각을 해봤자 후회만 들 뿐이다. 이에 관해서라면 나는 우디 앨런의 말에 동의한다. "내 삶에서 유일한 유감은 내가 다른 사람이 아니라는 것이다."

10

숙고하는 삶의 즐거움

"The goods of the mind are at least as important as the goods of the body."

정신적 재화는 육체적 재화 못지않게 중요하다.

— **버트런드 러셀** | 영국 철학자(1872~1970), 논리학자, 인문주의자

고맙소, 버트런드 러셀. 이 말이 필요했던 참이었다오.

삶의 막바지에 와서야 누릴 수 있는 즐거움이 있다는 걸 자주 잊어버린다. 그중 한 가지는 조용하고 느긋하게 생각하는 즐거움이다. 얼마 전 이 문장을 접하자마자 내 명언집에 옮겨 적었다.

러셀의 어법은 언제나 흥미롭다. 강한, 매우 강한 옥스브리지(옥스포드와 케임브리지의 합성어. 두 대학의 영향을 많이 받은 영국 상류 계급을 지칭하는 말로 자주 쓰인다-옮긴이) 어투와 일상 언어가 뒤섞여 있을 때가 많기 때문이다. "재화goods"라는 말을 보라. 그거, 상점에서 파는 물건을 말하는 건가?

이 말을 함으로써 러셀은 사고thinking하는 일이 인생에서 가장 큰 즐거움을 선사한다고 믿는 수많은 철학자와 같은 편에 서게 됐다. 19세기 사회철학자 존 스튜어트 밀John Stuart Mill은 공리주의의 기초로 '최대 행복의 원리greatest happiness principle'를 내세우면서, 순수하게 동물적인 즐거움은 이에 포함시키지 않는다고 강조했다. 밀에 따르면 "불만족한 인간이 만족한 돼지보다 낫다. 불만족한 소크라테스가 만족한 바보보다 낫다". 밀에게는 즐거움의 가치가 낮은 것에서 높은 것까지 다양했으며, 그중 지적 유희가 가장 질 높은 즐거움이었다. 대뇌쾌락주의라 불러도 좋을 것이다. 나는 생각한다. 고로 즐겁다.

러셀은 "숙고하지 않는 삶은 살 가치가 없다"고 말한 소크라테스와 다르게 사고가 만족스런 삶을 살기 위한 전제조건이라고 생각하지는 않았다. 러셀은 오히려 숙고하는 삶이 삶을 가치 있게 만드는 근본적인 기쁨 중 하나라고 보았다. 그에게 사고란 그 자체로 침대에서 뒹구는 것보다 더한 즐거움이다. 금욕적인 삶을 살았던 에피쿠로스와 달리 러셀은 결혼 여부에 구애받지 않고 매우 적극적인 성생활을 즐겼으며, 따라서 "육체적 재화"라는 말을 순진한 의미로 쓰지는 않았다는 사실을 짚어야겠다. 세상에는 그냥 좋은 재화가 있는 한편 매우 좋은 재화가 있다. 편안한 의자에 혼자 앉아 이런저런 철학적 질문에 대해 곰곰이 생각하면서 얻는 즐거움 말이다.

러셀은 특히 철학적 사고가 삶을 윤택하게 만든다고 강조했다. 매력적이면서도 쉽게 읽히는 수필 〈철학의 가치The Value of Philosophy〉(러셀의 1912년작 《철학이란 무엇인가The Problems of Philosophy》의 마지막 장-옮긴이)에서 러셀은 거대 질문이 삶의 지평을 어떻게 넓히는지에 관해 설명한다. 예를 들면 이런 질문이다. '우주에는 단일한 계획이나 목적이 있는가, 아니면 우주는 원자들의 우연한 집합일 뿐인가? 의식은 지혜가 무한히 성장할 수 있다는 희망을 주는 우주의 변하지 않는 일부분인가, 아니면 끝내 모든 생명체가 사라질 작은 행성에

서 일어나는 일시적 우연인가? 선과 악은 우주 전체에게 중요한가, 아니면 인간에게만 중요한가?'

이러한 질문에는 답을 내릴 수 없다고 러셀은 바로 인정한다. 그의 말을 빌리자면 "딱 맞아떨어지는 답을 낼 수 있는 질문은 과학의 영역이다. 현재로서는 답을 내지 못하는 질문을 모아 철학이라고 부른다". 러셀은 이 '대답할 수 없는 나머지 질문들'에서 자극과 영감을 받았다.

"많은 사람이 (…) 철학에 순수하지만 쓸모없고 하찮은 머리카락 쪼개기식 구분 짓기, 무엇을 알 수 없는지에 관한 논쟁 이상의 의미가 있는지 미심쩍어하는 경향이 있다"라는 사실을 러셀은 아주 잘 알고 있다.

과학자였던 내 아버지가 그런 분이었다. 반세기 전, 철학을 전공하겠다고 말하자 아버지는 "정신적 자위행위" 같은 말을 중얼거렸다. 그 당시엔 손으로 하는 자위행위든 정신적 자위행위든 도덕적으로 해로우며 사람을 타락시키는 것으로 여겼다. 아버지에 따르면 철학은 반사회적인 데다가 쓸모 있는 무언가를 만들어내지도 않았다. 대공황 시대에 나고 자란 아버지는 '유용성'을 최우선 가치로 생각했다. 쾌락주의자와는 완전히 거리가 먼 사람이었다. 아버지에게 철학 공부란 순전히 시간 낭비였다.

러셀의 생각은 정반대였다. 그는 이렇게 말했다. "철학적 지식이 없다면 상식으로 인한 편견에, 나이나 국적으로 인한 습관적 믿음에, 신중한 이성의 동의나 협조 없이 마음속에 자라난 확신에 갇힌 채로 살게 된다. 이런 사람에게 세상은 명확하고 유한하며 뚜렷하다. 일상적인 대상에 어떤 의문도 갖지 않으며 익숙지 않은 가능성은 경멸하고 무시한다. (…) 하지만 철학은 친숙한 대상을 낯선 방식으로 제시함으로써 우리의 경이감에 생명을 불어넣는다."

나는 마지막 두 줄이 특히 마음에 든다. 무엇보다도 지루함을 씻어낼 가장 강력한 방법을 담고 있기 때문이다.

몇 주 전에 나는 시시하고 지루할 가능성이 가장 높은 일을 하고 있었다. 정기검진을 받기 위해 병원 대기실에서 1시간 넘게 기다리고 있었던 것이다. 깜박하고 책을 가져오지 않은 데다 대기실 탁자에는 잡지 한 권 놓여 있지 않았다. (오호 통재라! 한때 대기실에서 즐겨 읽었던 《피플People》에 내가 듣도 보도 못한 사람들을 다룬 기사가 등장하는 지경에 이르렀다. 확실히 나이가 들었나 보다.)

거기서 '기다림'이라는 개념을 생각해봤다. 분명히 기다림에는 목적이 있다. 기대하던 대상이 등장함으로써 기다림을 끝내는 것이다. 또한 기다림은 지연을 수반한다. 중요한 무언가, 그러니까 기대하던 대상이 나타나기까지 아무것도 하지 않고 어슬렁대는 일. 이렇게 볼 때 기다림은 일종의 '죽은 시간'이다. 잠과 마찬가지로 자연스럽게 의식이 사라지는 기간 또는 불교적 관점으로는 깨어 있으되 의식이 있음을 자각하지 못하는 시간, 그로 인해 오히려 자신의 존재에 관해 천착하는 시간.

그러자 모든 언어에 '기다림'이라는 단어와 개념이 있는지 궁금해졌다. 개개인의 노력을 집단이 하는 일의 일부로 경험하는 원시사회 언어에는 기다림이라는 말이 있을까? 이런 사회에서 우리가 '기다림'이라고 부르는 일은(예를 들어 죽 한 그릇을 얻기 위해 차례를 기다리는 것은) 그 자체가 어떤 행위로, 이를테면 집단의 능동적인 행동으로 생각될까? 내가 기다림이라는 이름으로 경험하는 일이 스누커즈에게도 일어날까? 사랑하는 우리 집 개 스누커즈도 저녁때가 다가오면 먹이를 기다리며 어슬렁거리는 동안 기다림에 대해 근원적으로 지각할까?

병원 대기실에서 내가 한 사색이 전혀 대단하지 않다는 걸 잘 알고 있다. 그러나 아무리 보잘것없는 생각이라 해도 철학적이었다는 점에는 변함이 없다. 그 생각은 궁금증에서 비롯해 더 큰 의문으로 이어졌다. 매우 일상적인 일을(대기실에서 기다리는 일) 새로운 관점으로 바라본 것이다. 게다가 우연히 현상학phenomenology(의식과 그 구조를 탐구하는 20세기 초 철학사조-옮긴이) 연구를 벌인 셈이다. '인간의 기다림'에 관한 아마추어 현상학 연구 말이다.

아버지라면 분명히 이 모두가 정신적 자위행위에 지나지 않는다고 생각했을 것이다. 이해가 간다. 내 의문들이 눈에 보이는 결과를 만들어내진 못했으니까. 하지만 그를 통해 나는 더욱 살아 있다고 느끼며, 철학자들의 책을 읽음으로써 의문을 갖는 능력을 키웠음에 감사한다. 심지어 이 궁금증 덕분에 대기실에서 시간을 잘 때우지 않았는가.

〈철학의 가치〉 말미에서 러셀은 "철학을 연구하는 삶은 고요하고도 자유롭다"라면서 고전적인 그리스 쾌락주의를 긍정한다. 에피쿠로스는 그보다 나은 삶은 있을 수 없다고 생각했다. 고요한 삶은 쾌락으로 넘치는 삶이다. 그러나 러셀은 이를 '철학적 마음을 지닌 삶'으로까지 끌어올려 "철학이 숙고하는 우주의 위대함을 통해 마음 역시 위대해지고 우주와의 합일이 가능해진다. 이는 곧 최고선最高善의 상태라 할 수 있다"고 결론짓는다.

러셀은 철학을 종교처럼 생각한 듯하다. 나를 받아주기만 한다면 나는 기꺼이 그 신도가 되겠다.

11

진정한 우정은 존재한다, 정말로

"It is one of the blessings of old friends
that you can afford to be stupid with them."

함께 어리석게 굴 수 있다는 것은 오랜 벗이 주는 축복이다.

— **랠프 월도 에머슨** | 미국 철학자(1803~1882), 초월주의자

이 문구를 명언집에 옮겨 적었을 때 나는 아직 대학생이었고, 당연히 오랜 친구가 있을 만큼 나이를 먹진 않았었다. 그런 내게 선견지명이 있었던 것일까? 당시 난 철학과 동기인 톰 캐스카트와 친구가 된 터였다. 톰은 그때부터 지금까지 57년간 줄곧 내 가장 절친한 친구다.

오랜 세월을 거쳐오는 동안 놀랍게도 많은 철학자가(쾌락주의자부터 초월주의자까지) 삶에서 가장 큰 즐거움으로 우정을 꼽았다. 섹스도 익스트림 스포츠도 독창적인 철학적 혜안을 얻는 것도 아닌, 그저 아주 좋은 친구 하나를 갖는 일 말이다. 에피쿠로스와 아리스토텔레스가 그랬으며, 미셸 드 몽테뉴Michel de Montaigne와 프랜시스 베이컨Francis Bacon, 조지 산타야나George Santayana와 윌리엄 제임스도 마찬가지였다. 나열된 이름들이 인상 깊다. 철학을 하는 일이 매우 내향적인 직업이란 걸 생각하면 이들이 우정을 중시했다는 사실은 몹시 흥미롭다. 고독한 사람들이야말로 우정의 즐거움을 진심으로 이해할 수 있는지도 모른다.

물론 우정에 대해 냉소적 관점을 견지하는 철학자도 있다. 프랑스 격언의 달인 프랑수아 드 라로슈푸코François de La Rochefoucauld는 이렇게 말했다. "인간이 우정이라 부르는 것은 사회적 계약이자 상호 이익을 조정하고 서비스를 교환하는 것에 지나지 않는다. 요컨대 우정은 거래 당사자가 자기애를 위해 지속적인 이익을 내는 것을 목적으로 하는 비즈니스일 뿐이다."

그렇다. 우리 모두 이런 인간관계를 경험해봤다. 누군가를 사귀기보다는 조종하는 일에 가까운 관계, 관계 그 자체가 목적이 아닌 다른 목적을 위한 수단으로 전락한 관계를 말이다. 하지만 진실하고 열려 있으며 신뢰할 만한 인간관계 역시 존재한다는 것을 내 경험이 말해준다. 내가 가장 아끼는 친구들과의 우정이 그 증거다. 또한 나는 평생 믿고 의지할 수 있는 이와 결혼하는 무엇과도 비교할 수 없는 행운을 얻었다.

우정에 대한 라로슈푸코의 냉소적 평가는 '경계선 긋기 setting boundary'라는 표현으로 최근 들어 널리 알려졌다. 〈닥터 필Dr. Phil〉 출연진부터 《사이콜로지투데이Psychology Today》 편집부까지 정신건강과 관련해 이런저런 조언을 던지는 전문가들이 이 개념을 밀고 있다. 그들은 사랑하는 사람들과 함께하는 일과 그들을 위해 자신이 하는 일에 의식적으로 한계선을 그어야 한다고 주장한다. 그래야 사랑하는 사람과의 관계를 망치거나 소진해버리지 않기 때문이다. 이들은 친구들을 위해 어느 정도까지 자신을 희생할 수 있는지, 친구들의 행동을 어느 정도까지 용인할 것인지, 심지어 친구들과 어떤 이야기를 나눌 것인지 한계를 분명히 정해놓으라고 충고한다. 그래야 더 건강하고 평화로운 우정을 유지할 수 있다는 것이다.

다음은 《사이콜로지투데이》에 게재된 글 〈인간관계에 경계선을 그어 마음의 평화를 얻는 10가지 비결10 Tips for Setting Boundaries and Feeling Better〉에 나온 다섯 번째 비결이다. "상호성의 법칙을 이해할 것. 당신이 지지·애정·만족감을 얻는 가장 좋은 방법은 사랑하는 이에게 기꺼이 무언가를 내어주고 도움을 제안하고 시간을 바치고 손을 내밀어주는 것이다."

다시 말해 기브 앤 테이크quid pro quo라는 상업적 모델에 기초해 인간관계를 만들라는 뜻이다. '네가 나한테 무언가를 해주면 나도 그만큼 해줄게.' 라로슈푸코가 말하는 "사회적 계약이자 상호 이익을 조정하고 서비스를 교환하는 것"과 똑같은 말로 들린다. '우정'이라는 말이 꼭 그런 뜻이어야 할까?

최근에 친구 하나가, 해를 거듭할수록 남편과 사이가 멀어지고 있는 상황에서 결혼생활을 지속하기 위해 깔끔하고 실천하기 쉬운 대화 수칙을 완성했다고 말했다. 친구는 남편과 더 이상 같은 가치를 공유하지 않는다고 했다. 실은 하나부터 열까지 사고방식이 달라서 서로 이야기해봤자 말다툼만 하게 된다는 것이다. 그러나 자식이 셋이라 결혼생활은 유지해야 한다고 생각했다. 그래서 서로 해도 되는 이야기와 꺼내면 안 되는 화제가 무엇인지, 대화를 하다가 언제 자기 주장을 멈추고 물러설지에 대해 엄격하게 선을 그어놓은 결혼생활 공식을 만들었다. 꼭 사이 나쁜 직원들끼리 멱살잡이하는 불상사를 방지하기 위한 비즈니스 매뉴얼처럼 들렸다. 친구는 이 결혼생활 공식을 어떻게 생각하는지 물었다. 나는 솔직하게 대답했다. 남편과의 친밀한 관계를 완전히 포기하려는 생각이라면 괜찮은 것 같다고 말이다.

놀랍게도 친구는 내 말에 당황했다. 상황을 그런 식으로 생각해보지 못했기 때문이다. 진정으로 함께 있다는 느낌을 너무나 오랫동안 느끼지 못하고 살아온 탓에 친구는 자신이 그 느낌을 얼마나 간절히 원하는지마저 잊어버린 것 같았다. 단언컨대 '선 긋기'로는 아무것도 바꾸지 못한다. 친밀함을 느낄 가능성을 완전히 차단할 뿐이다. 그제서야 친구는 자신이 가장 중요하게 결정해야 할 일은 평생을 친밀한 관계 없이 살아갈 것인지의 여부임을 깨달았다.

이제 오랜 우정의 즐거움을 이야기한 에머슨으로 돌아가 보자. 에머슨이 말하고자 하는 바는 잘 알고 있다. 톰과 나는 몇십 년간 계속 연락하며(이메일이 발명된 이후로는 매일 연락하며) 지내왔다. 해마다 한두 번 정도는 같이 여행을 떠나

B&B(아침에 식사가 나오는 숙소-옮긴이)나 호텔 같은 데서 머무르며 특별한 계획 없이 시간을 함께 보낸다. 이야기를 나누고 극장에 가고 레스토랑에서 식사를 즐긴다. 우리에게 이런 시간은 즐거움이며 특권이다.

이 모든 세월 동안 각자 살면서 힘든 일이 생길 때마다 우리는 서로를 지지하고 응원해줬다. 좋은 일이 있을 때도 마찬가지다. 철학적 주제를 놓고 우리가 나눴던 길고 격렬한 토론은 학교에서 배운 것보다 더 큰 가르침을 줬다. 하지만 함께 보낸 가장 환상적인 시간을 꼽자면 아무래도 함께 바보처럼 낄낄거리며 망가질 때가 아닐까 싶다. 서로를 충분히 믿기 때문에 함께 어리석을 수 있었던 것이다. 덤 앤 더머처럼 말이다. 배꼽 빠지게 웃어대다 보면 잠시 시간이 멈추고 즐거움으로 무아지경이 된 상태에서 '영원한 현재eternal now'(과거와 미래는 흐릿해지고 모든 현실을 오직 현재에서만 느끼는 뉴에이지 사상의 시간 지각 개념-옮긴이)를 만나는 듯한 느낌이 들기도 한다.

12

사교모임보다 고독이 좋아지는 나이

"Our language has wisely sensed the two sides of being alone. It has created the word loneliness to express the pain of being alone. And it has created the word solitude to express the glory of being alone."

언어는 홀로 있음의 양면을 현명하게 간파했다. 그 아픔을 표현하기 위해 외로움이라는 말을 만들었으며 그 찬란함을 표현하기 위해 고독이라는 말을 만들었다.

— **파울 틸리히** | 신학자(1886~1965)

나는 순수한 우정의 즐거움을 소중하게 여기는 만큼이나 홀로 있음의 찬란함도 사랑한다. 세월이 지날수록 그 즐거움은 더더욱 깊어졌다. 혼자 있으면 평화로움과 더불어 살아 있음에 감사하는 마음으로 가득 찰 때가 많다. 여름날 작은 집 뒤쪽에 훌쩍 자라난 풀과 야생화들을 눈앞에 두고 홀로 앉아 있노라면 숨을 들이쉬고 내쉬는 것마저도 떠들썩한 잔치처럼 느껴진다.

내 곁을 지날 때면 아내는 가끔 즐거운 미소를 머금고 나를 바라봤다. 몇 년 전에 아내가 의자에 앉아서 무슨 생각을 그리 깊이 하는지 물어본 적이 있다. 나는 행복하게 진실을 고백했다. 어떤 깊은 생각도, 심지어 어떤 얕은 생각도 전혀 하지 않고 있었노라고. 사실 바로 이 점 때문에 진실로 즐거울 수 있었던 것이다.

고독에 빠지는 건 분명히 이기적인 행위다. 그러나 자기본위적이라고는 생각하지 않는다. 내가 혼자 앉아 있는 건 내가 나임을 자축하기 위해서가 아니다. 나 자신에 대해 축하할 일이 있다면 내가 이 세상에 존재한다는 사실일 것이다. 살아 있음에 감사할 수 있다는 건 축복이며 그 축복은 보통 다른 이들과 함께 있을 때는 느껴지지 않는다. 군중 속에서는 그 느낌이 사라져버리기 때문이다.

그렇다고 월든 연못에서 몇 달이고 혼자 지내곤 했던 미국 철학자 헨리 데이비드 소로Henry David Thoreau만큼 고독에 열중하지는 않는다. 소로는 우거진 숲속에서 생각에 깊이 잠겨 있었다. 그는 이렇게 말했다. "나는 고독만큼 좋은 동반자를 찾아낸 적이 없다."

그 정도까지 가기에는 좋은 친구들과 함께하는 시간이 너무나 소중하다. 그러나 소로의 사상은 '고독'과 '진실로 다정한 친구와 함께하는 시간' 사이 어디쯤에 있는 행위에 관해 생각해보게 만든다. 별로 친하지 않은 사람들과 함께하는 시간 말이다. 우리네 삶에서는 이런 경우가 흔하다. 사람들 사이를 옮겨다니며 상냥하고 즐겁게 수다를 떨지만 개인적이고 심각한 이야기는 하지 않는 사교 모임을 예로 들 수 있겠다. 이런 모임에서는 누군가와 친밀해질 일말의 가능성조차 찾을 수 없다.

그런 만남보다는 고독이 낫다. 살날이 얼마 남지 않아 한 순간도 낭비하고 싶지 않은 늙은이나 할 만한 생각일지는 모르겠지만 말이다. 나는 남은 시간을 파티광으로 사는 쪽보다는 뒤뜰 의자에 앉아 숨쉬기 운동을 하며 보내는 쪽을 택하겠다.

스누커즈 역시 나이가 들수록 혼자 노는 쪽을 좋아한다. 함께 산책을 나가는 것보다 가지를 넓게 뻗은 단풍나무 아래에서 엎드려 있는 걸 즐긴다. 고개를 쳐들고는 코를 킁킁거리며 눈앞에 펼쳐지는 장면을 즐기고 때로 흥미로운 냄새가 나면 꼬리를 흔든다.

이 모든 이야기가 스누커즈와 내가 나이를 먹으면서 세상으로부터 뒷걸음질치고 있다는 뜻일까? 한때 삶을 풍성하게 해주던 행위와 만남을 내려놓고 우아하게 죽음의 세계로 옮겨갈 준비를 하고 있는 것일까? 모르겠다. 하지만 뒤뜰에 혼자 앉아 있어도 기분이 풍요로울 수 있다는 건 안다.

알베르트 아인슈타인Albert Einstein은 노년에 일어나는 이런 현상을 아름답게 묘사했다. "나는 고독 속에 산다. 젊었을 때는 고통스러웠으나 나이 들어서는 달콤하다."

13

나도 소울메이트를 찾곤 했다

"Love is composed of a single soul inhabiting two bodies."

사랑이란 두 몸에 깃든 하나의 영혼이다.

– **아리스토텔레스** | 그리스 철학자(기원전 384~기원전 322)

이 한 줄의 문장이 얼마나 많은 연애관계를 작살낼지 알았다면 아리스토텔레스는 이 말을 꺼내지 않았을지도 모른다. 그가 말한 이상적인 사랑에 비하면 보통의 사랑이나 결혼은 얼마나 단조롭고 시시한지. 게다가 필연적으로 불만족이 따르게 마련이다. "여보, 우리는 하나의 영혼 같지 않아요. 이제 그만 끝내요."

아리스토텔레스의 이 말을 명언집에 옮겨 적기 전부터 나는 소울메이트가 존재한다고 믿는 낭만주의자였다. 그때는 모두가 낭만주의자였다. 어렸을 적 본 〈바람과 함께 사라지다Gone with the Wind〉에서 레트 버틀러는 사랑하는 연인에게 이렇게 말했다. "날 봐요, 스칼렛! 그 어떤 여인보다도 당신을 사랑했소. 그 어떤 여인보다도 당신을 더 오래 기다렸소." 우리는 레트의 대사를 곧이곧대로 믿었다. 특히 "오래 기다렸소" 부분을. 하나뿐인 완벽한 소울메이트가 있다면 매우 오랜 시간 동안 그를 만나지 못할 거란 게 분명했으니까.

〈위대한 개츠비The Great Gatsby〉에서 데이지 뷰캐넌이 개츠비한테 "이 세상 모든 걸 당신과 함께할 수 있었다면 좋았을 텐데"라고 말할 때 우리는 모두 감탄했다. 완벽한 운명의 상대와 함께가 아니라면 뭘 하든 그저 본 게임 전의 워밍업일 뿐이라는 사실을 알았으니까. 프랭크 시나트라Frank Sinatra가 완벽한 상대를 향해 읊조리는 운명적 사랑의 찬가 〈당신이었어야 했는데It Had to Be You〉를 우리는 듣고 또 들었다. 시나트라는 이 노래에서 기다림 끝에 자신을 위한 단 한 사람, "당신 생각에 슬퍼질 수 있어 기쁘다"고 느끼게 만든 여인을 만난 것이 얼마나 행운인지를 이야기한다.

고등학교에서 조지 고든 바이런George Gordon Byron(영국의 낭만주의 시인-옮긴이)의 시를 배웠을 때 겉으로는 그 시가 시시한 헛소리인 척 굴었지만 정작 혼자 있는 시간에는 깊은 불멸의 사랑을 묘사하는 "오래오래 나 그대를 한탄하리라, 말할 수 없을 정도로 깊이" 같은 구절에 완전히 매혹되곤 했다.

대학교에서 아리스토텔레스가 내린 사랑의 정의를 접했을 때 나는 이미 가망 없는 낭만주의자였다. 게다가 이 대철학자가 내 낭만적 상상을 이렇게나 정교하고 우아하게 묘사하다니, 상상이 현실이 된 기분이었다.

그 시절에 '두 몸에 깃든 하나의 영혼'이라는 신조는 각자에게 만나기도 전에 이미 마음 깊은 곳에서 느끼고 사랑하는 운명의 소울메이트가 있다는 뜻이었다. 게다가 소울메이트를 찾아내는 건 영원히 불가능할지도 몰랐다. 가장 중요한 사실은 완벽한 소울메이트가 아니라면 어떤 연인도 잘못된 선택일 수밖에 없다는 것이었다.

그 결과 많은 이가 연애 상대를 계속 바꿔가며 완벽한 소울메이트의 조건을 충족하는 이상적 연인을 찾으려 했으나 결국 실패했다. 상대가 지닌 건 그 자신의 정체성과 영혼이었지 우리와 똑같은 정체성·영혼이 아니었기 때문이다. 우리가 사랑에 빠진 대상이 피와 살을 가진 실제 인간과는(특히 살과는) 거의 상관없는 허무한 이상일 뿐일지도 모른다는 생각은 하지 못했다. 대부분은 어니스트 헤밍웨이Ernest Hemingway가 (〈누구를 위하여 종은 울리나For Whom the Bell Tolls〉에서) 묘사하듯 진정한 소울메이트와 사랑을 나눌 때 느꼈다던 '땅이 뒤흔들리는 듯한 기분'이 자신에게 찾아오지 않았을 때 깊이 실망했다. 좀 더 분석적인 이들은 당시 유행하던 완벽한 상대의 판별 기준을 받아들이기도 했는데, 바로 섹스를 하며 둘이 동시에 오르가슴에 도달하는지의 여부였다. 이 기준은 로고스, 파토스, 에토스로 구성된 그 유명한 '아리스토텔레스의 삼각형'과 마찬가지로 측정이 가능하다는 장점이 있었다. 단 며칠 밤만 경험해보면 완벽한 상대인지 아닌지 판단할 수 있었다. 정작 사랑을 나누는 일이 즐거움이라고는 조금도 없는 행위가 되기 일쑤였지만 말이다.

아리스토텔레스의 표현은 스승 플라톤의 저작《향연Symposion》에 등장하는 대화에 기원을 둔다.《향연》에서는 소크라테스와 친구 몇 명이 사랑의 신 에로스를 찬미하는 연설을 한다. 그 자리에 있던 친구 중 아리스토파네스

Aristophanes(원래는 고대 그리스의 대표적 희극작가이나 여기서는 허구의 인물이다–옮긴이)는 진정한 연인이 서로에게 끌리는 것은 우리의 선조가 원래 남녀의 얼굴을 머리 양쪽에 지닌 자웅동체였기 때문이며, 따라서 연인이 함께하는 것은 사실 스스로를 원래의 온전한 상태로 만드는 것이라고 말한다. 아리스토텔레스의 영향은 몇 세기가 지나 고대 로마의 시인 푸블리우스 나소 오비디우스Publius Naso Ovidius의 작품에서도 찾아볼 수 있는데, 그는 사랑과 우정을 "두 몸이지만 한마음"으로 자주 묘사했다.

나이가 좀 더 들고 나서야 아리스토텔레스가 현대의 연인들에게 주는 교훈이 무엇인지 깨달았다. 《니코마코스 윤리학Ethika Nikomacheia》을 다시 읽어보니 소울메이트라는 말이 실은 "유용함을 위한 우정"이나 "쾌락만을 위한 우정"과 대비되는 의미로 말한 "완전한 우정"의 한 가지 형태라는 사실을 이해할 수 있었다. 아리스토텔레스는 이렇게 말했다. "완전한 우정은 덕을 동등하게 갖춘 선한 인간들이 서로가 서로에게 좋은 것을 바라는 것이다." 간단히 말해 잘 맞는 상대는 서로의 근본적인 성격에 끌린다는 것이다. "이러한 점에서 선한 인간은 어떤 우연한 이유에서가 아니라 자신의 모습 그 자체로 인해 서로에게 이끌린다." 그리고 "누구나 예상하듯이 이런 우정은 오래 지속된다. 그 안에 친구로서 가져야 할 모든 덕목이 결합되어 있기 때문이다". 마지막으로 낭만적 사랑의 개념에 대해 아리스토텔레스는 말했다. "(낭만적 사랑은) 넘치는 우정의 한 형태이며 특정한 사람을 향한 감정이다." "넘치는 우정"이라니 참 매력적인 표현이다. 좋은 감정이 넘쳐흐른다는 생각을 아름답게 포착하고 있지 않은가.

아리스토텔레스의 가르침 중 한 가지는 나와 더불어 많은 친구가 제대로 이해하는 데 오랜 시간이 걸렸다. 길게 보면 자연스럽게 서로에게 잘하고 싶은 연애관계를 찾는 것이 가장 좋다. 정확히 말해 좋은 연애관계란 있는 그대로의 자신으로도 서로에게 좋은 사람이 될 수 있는 관계를 말한다. "두 몸에 깃든 하나의 영혼"이라는 말이 이런 개념을 가리키는 표어라면 기꺼이 받아들이겠다.

14

이미 살고 있지만 삶의 의미를 고민한다

"Nothing happens while you live. The scenery changes, people come in and go out, that's all. There are no beginnings. Days are tacked on to days without rhyme or reason, an interminable, monotonous addition."

살아 있는 동안에는 아무 일도 일어나지 않는다. 풍경이 바뀌고 사람들이 오간다. 그뿐이다. 시작 같은 건 없다. 하루하루는 운율도 이유도 없이 나날에 합쳐진다. 지루하게도 길고 단조롭게.

— **장 폴 사르트르** | 프랑스 철학자(1905~1980), 실존주의자

이 문구는 명언집 중간쯤에 등장하는데, 파리 소르본대학교에서 잠깐 철학을 공부할 때 뤽상부르 공원에 앉아서 볼펜으로 적어넣었다. 그 아래 휘갈겨 쓴 감상을 보고 있자니 진지했던 젊은 시절이 떠올라 벅차오르면서도 오글거린다.

> 그런 적이 있었죠, 장 폴. 블루스 중에서도 가장 우울한 블루스를 노래했던 적이. '태양 아래 새로운 건 없어라' 블루스, '오래된 권태에 헛되이 맞서 싸우기' 블루스, '늘 똑같은 일상' 블루스, 실존의 블루스……. 일상의 단조로움에 빠져 죽어가는 느낌에 새롭고 의미 있는 무언가를 찾아내는 일을 단념했던 적이.

아주 오래전 공원 벤치에 홀로 앉아 있는 젊은 나의 모습이 그려진다. 코트 깃을 세우고 필터 없는 담배를 입에 문 채 눈에 보이는 모든 것이 따분하고 결말이 뻔히 보이는 것만 같았다. 대화를 나누는 중년 부부에게서 가식적인 친밀함을 보고 얼굴을 찌푸렸다. 서로를 꼭 껴안은 젊은 연인들을 보면 몸이 떨렸다. 사랑이란 끝내 증오, 더 심하면 권태에 이를 수밖에 없다는 사실을 모르는 걸까.

보기 좋지는 않았지만 그때 나는 실존적 권태를 매우 심각하게 느끼고 있었다. 왜 굳이 무언가를 해야 하는지, 아침에 침대에서 왜 일어나야 하는지마저 모르겠던 시절이었다.

지금 그런 기분으로 그때와 똑같이 행동한다면 누군가 나를 정신병원에 처넣어 곧바로 재발성우울장애recurrent depressive disorder(《정신질환 진단 및 통계 편람Diagnostic and Statistical Manual of Mental Disorders, DSM》 코드 296.32)라는 진단을 내린 다음 프로작을 처방할지도 모르겠다. 심리학이 대중화되면서 철학적 관점에 신뢰나 가치를 부여하는 사람이 거의 없어졌다. 오늘날 삶에서 어떤 의미도 찾기를 단념한다면 진지한 세계관이 아니라 치료해야 할 병으로 본다. 정신과 의사한테 당신이 실존적 권태를 병으로 취급하는 건 '올바른 삶의 방식은 기운과 희망에 가득 차 있어야 한다'고 아무 까닭 없이 가정했기 때문이라고 말한다면, 의사는 나를 정말 미친놈 보듯 쳐다볼 것이다. 정신과 의사 대부분은 삶의 목표를 긍정적이 되고 안녕감을 유지하는 것으로 보며, 그와 다르게 생각하거나 느끼는 건 건강하지 않다고 전제한다.

그러나 누군가가 철학적 숙고를 거친 끝에 삶이 공허하다는 사실을 발견한다면 어떨까? 이성적으로도, 존재의 깊은 곳에서도 어떠한 삶의 의미를 찾을 수 없다면? 그때는 정말 프로작을 먹어야 하나?

"살아 있는 동안에는 아무 일도 일어나지 않는다." 이 문장은 사르트르의 첫 번째 소설 《구토La nausee》에 등장한다. 1938년에 출판한 문학 형식의 철학 논문으로, 한때 삶에서 의미 있고 가치 있던 모든 것에 점점 흥미를 잃어가는 한 사람의 이야기다. '구토'는 주인공을 지배하는 끝없는 무의미를 뜻한다. 결말에서 주인공은 오직 자신만이 삶의 의미를 만들 수 있다고 깨닫는다. 이 자유는 제멋대로이며 개인이 책임져야 하므로 무시무시하지만 동시에 흥미롭고 스릴 넘친다. "삶은 절망의 뒷면에서 시작한다"라는 말에서 볼 수 있듯 이 소설의 주제 '의식의 전제조건인 고통'은 《구토》를 실존주의 운동에서 떼어놓을 수 없는 작품으로 만들었다.

적잖은 시간을 존재의 절망에 한바탕 허덕이며 20대를 보냈다. 돌이켜보면 그 절망에는 실패한 연애와 더불어 만족할 만한 일자리를 찾지 못한 무능력으로 인한 우울이 일부 뒤섞여 있었다. 하지만 온전히 이런 개인적 문제들 때문에 절망적 세계관이 생겼는지는 지금까지도 확실치 않다. 그런 세계관 탓에 제대로 된 일자리를 찾지 못하고 연애도 실패한 면이 있기 때문이다. 서로 영향을 끼쳤던 것이다.

그 시기에 관해 지금에서야 보이는 또 다른 일면이 있다. 나는 내 절망이 낭만적이라고 생각했다. 세운 옷깃과 입에 문 담배가 반박할 수 없는 증거다. 얼마나 프랑스적인가! 프랑스가 실존적 절망을 가장 강력하게 공식화했다는 사실이 이렇게 뒤틀어진 낭만주의에 영향을 끼친 게 분명하다. 철학자들 중에서도 사르트르나 카뮈 같은 프랑스 철학자가 이 절망을 가장 잘 표현했기 때문만은 아니다. 이러한 인생관은 프랑스 대중문화에도 널리 퍼져 있었다. 당시 누벨바그nouvelle vague(프랑스어로 '새로운 물결'이라는 뜻으로 1950년대 후반부터 프랑스 영화계에 일어난 새로운 경향을 가리킨다-옮긴이) 영화는 모든 것이 무의미하다는 느낌과 그로부터 파생한 무력감에 시달리는 주인공답지 않은 주인공을 그렸다. 1963년 루이 말Louis Malle 감독의 영화 〈도깨비불Le Feu Follet〉을 보면서 느꼈던 참을 수 없는 공허함을 절대 잊지 못한다. 이 영화는 실패한 작가가 무의미에 사로잡혀 자살을 결심한 뒤의 마지막 48시간을 기록한다. 이틀에 걸쳐 이 영화를 두 번 봤는데 볼 때마다 토할 것 같았다.

매력적인 소르본대학교 학생들이 심오하게 체념 어린 어조로 "Je m'en fous", 번역하자면 "알 게 뭐야. 신경 쓴대도 뭐가 달라져"라는 당시 유행했던 말을 내뱉는 걸 카페에서 본 기억도 난다. 다시 말하건대 매우 프랑스적이며 매우 낭만적이다. 그때 난 정말 젊었다.

하지만 이런 개인적인 사정을 고백한다고 해서 당시 내가 생각하고 느끼던 모든 게 하찮을 뿐이라고 폄하하는 것은 아니다. 《구토》나 〈도깨비불〉의 주인공보다는 훨씬 덜 극적이지만 나 역시 스스로의 실존적 절망을 극복하고 삶을 다시 부여잡아야 했다. 다행히도 난 해냈다. 때로는 말이다.

얼마 전에 젊은이들이 "그건 제1세계 문제지"라는 말을 쓰는 걸 들었다. 인터넷에서 그 말을 검색하던 중 기아에 허덕이는 한 남미 아동의 사진 밑에 "그래서 당신은 깨끗한 물이 너무 많아서 그 안에 똥을 싼다는 건가요?"라는 설명이 적혀 있는 걸 봤다. 물론 그 말은 우리가 늘어놓는 불평과 불안함 대부분이 '제1세계 문제'이며 흔히 말하는 '제3세계 문제'와 비교하면 사소하다는 뜻이다.

요즘에는 공원 벤치에 앉아 모든 것이 무의미하다고 생각하는 건 제1세계식 탐닉이라고 생각할 때가 많다. 아마도 사진 속 그 아이는 생존에 필요한 음식과 물에 정신이 팔릴지언정 삶의 의미에 몰두할 일은 결코 없을 것이다. 그렇다고 해도 나 자신은 실존적 절망을 고민한 시기가 가치 없었다고 생각하지 않는다. 에디트 피아프Edith Piaf가 당시 라디오에서 애절한 목소리로 부르던 노래처럼. "난 아무것도 후회하지 않아요Je ne regrette rien."

프로작에 대해서 한마디 하겠다. 본인의 선택이라면 나는 프로작 복용을 전적으로 지지한다. 존재의 우울함에 시달리는 사람이 기분을 바꾸고자 약물을 복용하기로 했다면 충분히 존중할 만한 개인적 선택이다.

엄격한 실존주의자는 이에 동의하지 않을 것이다. 약물을 복용하면 기분뿐 아니라 삶에 대한 견해 자체가 바뀌기 때문에, 실존주의자가 보기에 이는 '나쁜 신념'에 따른 행위다. 약을 먹는 사람은 '진짜가 아니다'. 자신을 주체가 아닌 대상으로 대하고 있으며, 자신의 세계관이 조작 가능한 '물건'인 것처럼 행동하고 있기 때문이다.

그럴지도 모른다. 하지만 피터 크레이머Peter Kramer(미국 출신 정신과 의사-옮긴이)가 쓴 《프로작에게 듣는다Listening to Prozac》에 따르면 항우울제를 복용한 사람 중 상당수는 우울증세가 호전되자 놀랍게도 자신의 "진정한 자아"를 이전보다 훨씬 잘 느낄 수 있었다고 말했다.

15

'나'라는 소우주를 즐기자

"The life of man is of no greater importance to the universe than that of an oyster."

인간의 삶이란 우주에게는 굴 한 마리의 삶보다 중요하지 않다.

– **데이비드 흄** | 영국의 철학자(1711~1776), 경험주의자

일찍이 명언집에 옮겨 적은 문구다. 그때도 지금도 내게 의미가 크다. 우주 전체와 영원한 시간의 관점에서 보면 나라는 인간의 삶이 너무나 하찮다는 사실은 말년이 다가올수록 점점 피부로 와닿는다. 하지만 요즘에는 데이비드 흄David Hume의 이 말이 되려 위안이 된다.

이 말을 처음 접하는 이들을 위해서 먼저 이 말이 얼마나 모호한지 짚고 넘어갈 필요가 있다. 그러니까 우주에게는 굴이든 사람이든 모든 생명이 똑같이 중요하다는 의미일까? 조물주가 만든 이 거대한 우주에서는 찬송가 〈아름답게 빛나는 모든 것들All Things Bright and Beautiful〉의 노랫말처럼 어떤 생명이든 다 놀랍고 훌륭하다는 뜻일까?

그건 아닌 것 같다. 회의적 시선을 가진 철학자 흄이 그렇게나 따뜻하고 모호한 마음으로 굴 이야기를 했을 리가 없다. 오히려 이런 의미일 것이다. "저 우주는 거대하며 그 안에 있는 우리는 놀라울 만큼 사소한 존재다. 시간은 영원하지만 우리 하나하나의 삶이란 찰나에 불과하기 때문에 생각하는 것만큼 대단하지 않다. 우리의 삶은 사실 굴 한 마리의 삶과 같다."

언뜻 들으면 절대 기분 좋은 말은 아니다. 우리 하나하나의 삶은 저 거대한 우주와 비교하면 너무나 하찮으며 따라서 전혀 의미가 없다는 뜻 아닌가. 게다가 흄에 따르면 우리는 소품일 뿐이다. 우주가 장대한 계획에 따라 움직이는 거대한 기계라면 우리는 그 안에서 돌아가는 조그마한 톱니바퀴 날에 지나지 않는다. 우주의 모든 것이 무작위로 움직인다면 우리의 삶 역시 무작위일 뿐이다. 아주 작은 무작위.

이탈리아에서 그리스 본토로 가던 중 아내 프레케와 함께 케르키라섬에서 머물렀던 며칠을 절대 잊지 못할 것이다. 아내는 외딴 유적지들을 둘러보길 좋아했어서 9세기 소아시아의 군주가 묻혀 있는 고분에 가보고 싶어했다(그리스 최초의 군주였던 이오아니스 카포디스트리아스Ioannis Kapodistrias의 무덤을 가리키는 것으로 보인다–옮긴이). 버스를 타고 섬 깊숙이 들어가자 버스 기사는 오래된 올리브 나무로 가득한 숲 옆쪽으로 뻗은 돌투성이 길을 가리키며 우리를 내려줬다. 1시간 정도 걸어가니 고분이 나타났다. 당장이라도 무너질 듯한 돌무더기 옆 작은 표지판에 그리스어와 영어로 무덤 주인의 이름이 적혀 있었다. 한때 문명세계의 적지 않은 영역을 지배했던 군주였지만 표지판 옆에는 헬라스Hellas(그리스 로컬 맥주 상표–옮긴이) 맥주병 누어 개가 뒹굴고 있을 뿐이었다. 기록을 통해 얻는 불멸이란 게 기껏해야 이런 신세다. 이 위대한 군주의 삶도 결국은 이렇게 보잘것없어진다는 사실에 서글퍼지면서 쓴웃음이 나오면서도 깊이 겸허해졌다.

곧바로 퍼시 비시 셸리Percy Bysshe Shelley(영국의 3대 낭만주의 시인-옮긴이)가 쓴 신랄한 소네트 〈오지만디아스Ozymandias〉가 생각났다. 셸리는 한때 이집트 사막의 강대한 군주였던 람세스 2세의 동상을 보고 이 시를 지었다. 마지막 6행은 다음과 같다.

(동상) 받침대 위에는 이렇게 쓰여 있었소.
"내 이름은 오지만디아스, 왕 중의 왕
강하다는 자들아, 내 업적을 보라, 그리고 절망할지어다!"
하지만 아무것도 없었소. 폐허뿐인 주변에는
그 거대한 잔해 주변에는 풀 한 포기 없이 끝없는
황량하고 평평한 사막만 저 멀리 뻗어 있더이다.

하지만 이 '굴 수수께끼'를 다르게 보는 방법도 있다. 미국 대중문화에서 철학적 지분을 차지하며 보통 '〈멋진 인생It's a Wonderful Life〉(1946년 상영된 미국에서 가장 유명한 크리스마스 영화 중 하나-옮긴이) 이론가'라 부르는 이들의 관점을 빌려온 것이다(실제 이런 이름의 철학 학파가 없다는 걸 다들 알고 있을 테지만 그래도 상상은 해볼 수 있지 않겠나). 이 이론에 따르면 우리네 보잘것없는 삶에는 거대한 파급효과가 있다. 2급 천사 클래런스 오드보디가 보여준 것처럼 조지 베일리가 없는 베드포드 폴스(영화의 배경이 되는 뉴욕주에 있는 가상의 지역이다–옮긴이) 사람들의 삶이 어땠을지를 생각해보라. 아직 보지 못한 이를 위해 설명하자면 프랭크 카프라Frank Capra가 감독한 이 영화에서 조지 베일리는 가족과 주변을 망쳤다는 자괴감에 빠져 자살을 생각한다. 그때 천사 클래런스가 나타나 조지에게 그가 없었다면 베드포드 폴스가 어떻게 되었을지를 보여주어 그의 마음을 되돌린다. 조지가 없는 베드포드 폴스는 참혹하기 그지없다. 조지가 베푼 작은 친절이 실제로 주변 사람들의 삶에 영향을 끼쳤기 때문이다. 비록 우리는 굴과 마찬가지인 사소한 존재인지도 모르지만 우리가 행하는 작은 일이 큰 반향을 일으킬 수 있다는 게 영화의 주제다.

'멋진 인생 이론'은 흔히 말하는 나비효과, 곧 나비의 날갯짓이 지구 반대쪽에서 거대한 태풍을 일으킬 수 있다는 말을 사회와 개인 행동 간의 관계에 적용한 것이다. 미국 기상학자이자 카오스 이론 분야의 물리학자인 에드워드 로렌츠Edward Lorenz가 처음 내놓은 '나비효과' 이론은, 조지 베일리가 베푼 자그마한 친절이 그랬듯이 작은 사건이 시간이 지남에 따라 거대한 변화를 일으킬 수 있다고 가정한다. 마찬가지로 우리도 변화를 만들 수 있다. 물론 이 거대한 인과관계의 연쇄가 어디서 비롯하는가 하는 문제가 있다. 로렌츠가 말하는 거대한 변화는 왜 나비의 날갯짓에서 시작하는가? 나비의 날갯짓에 다른 원인은 없는가? 만약 있다면 그 원인의 원인은 뭐지? 지금은 거기까지 따지지 말자.

흄이 말하는 '보잘것없는 삶' 패러다임에 대해 영화계가 내놓는 또 다른 반응도 있다. 스웨덴 걸작 영화 〈화니와 알렉산더Fanny och Alexander〉는 개개인의 삶은 우주 그 자체로 치환할 수 있기 때문에 개개인의 삶이 작고 하찮다고 인정함으로써 오히려 위안을 얻을 수 있다고 말한다. 우리 모두는 이 작은 세상 안에서 의미 있는 역할을 하는 것이다.

잉마르 베리만Ingmar Bergman이 감독한 이 감동적인 영화는 1900년대 초 스웨덴의 부유한 대가족 에크달 집안에서 3년 동안 벌어진 일을 묘사한다. 극 중에서 에크달 가족은 몇 가지 거대한 상실을 겪는다. 어린 알렉산더를 남겨두고 아버지가 일찍 세상을 떠나자 어머니 에밀리는 목사와 재혼한다. 하지만 목사는 폭군 같은 가장이자 잔인한 의붓아버지였다. 결말 부분에서 에밀리와 아이들은 자유를 되찾고 원래 살던 집으로 돌아와 만찬을 크게 열어 자축한다. 알렉산더의 삼촌 구스타프는 건배를 제안하며 사랑스럽고 유머를 곁들인 '작은 세상'에 대한 긴 송가를 바친다.

"세상은 도적들의 소굴이며 밤은 서서히 다가오네. 악이 사슬을 끊고 미친개마냥 온 세상에 날뛰네. 우리는 악에 감염되어 도망치지 못하네. 그러니 행복할 수 있을 때 행복해집시다. 친절하고 자비로우며 다정하고 선해집시다. 부끄러워 말고 이 작은 세상을 즐깁시다.”

흄이 말하는 ‘굴과 다를 바 없는 하찮은 삶’이 구스타프에게는 ‘이 작은 세상’이다. 꽤 괜찮은 말 아닌가?

16

때때로 허무한 농담은 냉정한 위안이 된다

"First and foremost, nothing exists; second, even if it exists, it is inapprehensible to man; third, even if it is apprehensible, still it is without doubt incapable of being expressed or explained to the next man."

무엇보다 우선 이 세상에는 아무것도 존재하지 않는다. 무언가 존재한다 해도 인간은 지각하지 못한다. 설령 지각한다 해도 절대로 타인에게 표현하거나 설명할 수 없다.*

— **레온티니의 고르기아스** | 그리스 웅변가·철학자(기원전 485~기원전 380), 소피스트, 허무주의자의 원형

* 섹스투스 엠피리쿠스Sextus Empiricus(160~210, 알렉산드리아 출신 의사이자 철학자)가 의역. 원전은 고르기아스의 《비존재에 관하여On the Non-Existent》이나 현재는 전해지지 않는다.

20대 중반 왜 이 문구를 명언집에 수록했는지 지금도 정확하게 기억난다. 모든 게 무의미하다고 말하는 철학 사상이 때로 얼마나 터무니없는지 스스로 상기하기 위해서였다. 몇천 년 전 사람인 고르기아스Gorgias는 허무주의 교리를 아무렇지도 않게 내뱉는 농담으로 바꿔버렸다.

고르기아스가 한 이 말의 문장구조는 지금 봐도 웃기다. "넌 내 형제가 아니고, 만약 형제라 해도 나와는 상관없고, 상관이 있다 해도 형제라서 그런 건 아닐걸." 이런 식의 오래된 동유럽 욕처럼 들리기 때문이다.

패러디식 수사로 이름을 날린 웅변가 고르기아스는 요즘으로 치면 잘나가는 스탠드업 코미디언 같은 존재였다. 얄궂게 웃으며 "아무것도 존재하지 않는다"라고 말한다면 지금 들어도 무릎을 탁 치게 만드는 농담거리가 될 수 있다. 고르기아스는 델파이부터 올림피아까지 청중을 완전히 휘어잡았고 자신의 화술을 구경하려는 이들에게 입장료를 받아 경제적으로도 넉넉하게 살았다. 번역가와 학자들이 고르기아스의 작품을 다루면서 가장 어려워하는 문제는 그가 쓴 내용이 진심인지 그냥 우스갯소리로 해본 말인지 확실히 구분할 방법이 전무하다는 것이다.

삶을 비참한 것으로 정의함으로써 웃음을 짜낸 고르기아스의 업적은 유머가 무엇인가에 관해 흥미로운 문제를 제기한다. 유머는 어떻게 우리가 현실에 맞설 수 있도록 도와주는 것일까. 그리고 어째서 때로는 역효과가 날까. 심리학자들은 유머가 불안을 야기하는 생각과 감정에서 잠시 떨어져 있도록 해주는 일종의 창조적 방어기제라고 생각한다. 섹스는 특히 불륜이라는 형태로 나타날 때 우리를 불안하게 하며 이 때문에 전 세계 거의 모든 문화에 섹스와 바람에 관한 유머가 넘쳐난다. 우리 자신까지 포함하여 인간이 영원히 살 수 없다는 사실 또한 근본적인 불안을 낳기 때문에 이와 관련한 유머 역시 수없이 많다. 하지만 이런 유의 개그는 때로는 전혀 효과가 없거나 괴로움을 더 키운다.

9·11테러가 일어난 뒤 풍자는 죽었다는 것(테러 직후 저널리스트 그레이든 카터Graydon Carter가 남긴 말의 일부다. 테러의 여파로 풍자, 변덕, 경박함이 사라지고 진정성과 사실주의가 부각될 것이라고 예견했다–옮긴이)과 테러로 인한 공포는 절대로 유머의 소재가 되지 않을 것이라는 생각이 지배적이었다. 그러나 테러 발생 후 고작 3주가 지났을 때, 코미디언 길버트 고트프리드Gilbert Gottfried는 프라이어스 클럽Friars Club(유명인사와 코미디언이 주요 멤버인 뉴욕의 회원제 클럽–옮긴이)에서 암묵적 금기를 깨고 이런 개그를 선보였다. "비행기로 캘리포니아까지 가야 하는데 직항이 없어요. 엠파이어 스테이트 빌딩을 거쳐 가야 한다고 하더라고요."

고트프리드는 그 자리에서 엄청난 야유를 받았으며, 동료 코미디언 몇 명은 이렇게 소리치고는 자리를 박차고 나가버렸다. "너무 나갔어. 그런 개그를 치기엔 아직 너무 이르다고!"

그 말이 맞다. 9·11과 관련된 농담에서 냉정한 위안이라도 얻을 수 있으려면 좀 더 시간이 필요했다. 고트프리드의 개그는 상처에 소금을 뿌리듯이 인정머리 없다는 느낌만 안겨주었다.

몇 년 전 나는 친구 톰 캐스커트와 공동으로 도덕에 관한 철학책을 냈는데, 거기서 우리는 농담을 써서 죽음에 관한 여러 철학자의 다양한 관점을 설명했다. 기자 한 명이 우리에게 죽음에 관한 농담이 독자에게 통할 것이라 생각했는지, 그런 농담이 인간의 유한성에 직면하는 공포를 실제로 덜어주었다고 생각하는지 물었다. 좋은 질문이었다. 이렇게밖에 대답할 수 없었지만. "통할 때라면 통하겠죠."

인생의 하찮음에 대한 고르기아스의 재기 넘치는 농담에 대해서도 똑같이 말할 수 있을 것 같다.

어쨌든 실제 세상부터 이른바 '사회적 가치'까지(물론 사회라는 게 존재한다면 말이지만) 진짜로 존재하는 것은 없다는 고르기아스의 주장은 자신의 냉소적인 마음을 거침없이 표현한 것이다. 고르기아스는 기록으로 전해지는 서양철학계 최초의 허무주의자 중 한 명이다. 그는 모든 것, 특히 인생에 어떤 의미가 있다는 어리석기 그지없는 관념을 쓰레기 취급 하는 이 유구한 철학사조의 서막을 열었다. 애초에 진실로 존재하는 것이 하나도 없다면 의미 있는 대상 역시 없지 않겠는가?

고르기아스는 부족함 없는 삶을 누렸지만 스스로는 쾌락주의를 철학으로 받아들이길 거부했으며 적어도 자신의 수업에서는 이를 전혀 언급하지 않았다고 한다. 아무리 허무주의자라 해도 쾌락주의를 실천하는 일은 여전히 가능하다. 쾌락을 즐길 수 있으니까 즐길 뿐 반드시 의미가 있어야 하는 건 아니니까.

정작 자신은 놀랍도록 행복하게 장수를 누렸으며 도시를 오가며 청중을 사로잡은 덕에 적잖은 돈을 벌었다는 이유로 이 고대 그리스 철학자 겸 개그맨을 비난하지는 않겠지만 고르기아스의 마지막 말은 아무리 봐도 웃기다. 104세로 세상을 떠나면서 그는 친구 아테나이오스Athenaeuos에게 자신의 장수 비결이 "쾌락을 위해 아무것도 하지 않았던 것"이라고 말했다.

두두두두둥, 챙!

17

없는 의미를 찾아 헤매는 인생의 부조리

"Estragon: We always find something, eh Didi,
to give us the impression we exist?
Vladimir: Yes, yes, we're magicians."

에스트라공: 그러니까 디디, 우리는 항상 살아 있다는 걸 실감나게 해주는 뭔가를 찾아내잖아?

블라디미르: 그래, 그렇지. 우리는 마법사니까.

— **사뮈엘 베케트** | 아일랜드 소설가·극작가(1906~1989), 부조리주의자

아, 이 우주적 스케일의 달콤쌉싸름한 농담이여! 내게는 언제나 큰 울림으로 다가온다. 고르기아스가 허무주의 재담才談이라는 새로운 장을 열었다. 희비가 교차하는 이 유머를 사뮈엘 베케트Samuel Beckett만큼, 특히 그의 걸작 〈고도를 기다리며En attendant Godot〉에서처럼 통렬하면서도 위트 있게 전달한 사람은 아무도 없다. 진지함과 모순, 희망과 절망 사이를 끊임없이 오가는 이 연극은 허무주의 보드빌vaudeville(19세기 중반~20세기 초 미국에서 유행한, 마술·코미디·곡예 등으로 이루어진 버라이어티 쇼—옮긴이)이자 부조리극theater of the absurd의 전형이다. 에스트라공과 블라디미르가 나누는 대화를 들으며 기분 좋게 웃음 짓다가도 어느 순간 등장인물의 삶, 나아가 우리의 삶이 궁극적으로는 얼마나 무의미한지를 깨달으면 마음이 무거워진다. 연극을 보며 우리는 다시 웃음 짓지만 이번에는 그렇게까지 즐겁지 않다.

〈고도를 기다리며〉를 처음 관람한 건 명언집 작성을 한 번 중단한 지 한참이 지난 뒤였지만 너무나 강하게 인상을 받았어서 바로 대본을 사서 읽어보았다. 그리고 명언집을 다시 작성하면서 이 대사를 적어넣었다. 인간의 일반적인 상태를 혹독하면서도 코믹한 관점으로 해석하는 이 대사는 나에게도 영향을 끼쳤다. 예전에 겪었던 달콤하고도 뒤틀린 기억이 이 연극 덕분에 되살아난 것이다.

톰과 내가 대학교 동기였던 시절, 늦은 밤 우리는 누가 먼저랄 것도 없이 톰의 기숙사로 올라가는 돌계단에 나란히 앉아 머릿속으로 상상하던 이야기를 즉흥적으로 늘어놓곤 했다. 이 게임을 어쩌다 시작하게 됐는지는 기억나지 않지만, 취해서가 아니라 단지 이런저런 이유로 피곤했으며 젊기에 조금 엉뚱했을 뿐이다. 지금 생각해보면 일종의 즉흥 심리치료 같은 게 아니었나 싶다. 그때 톰과 나는 졸업 후 사회에 잘 적응할 수 있을까 하는 걱정에 극도로 불안했고 그러한 불안을 게임 소재로 삼으면서 마음을 가라앉혀보려 했다. 그때 톰은 신학대학원에 진학할 계획이었으나 자신이 목사가 되기에 적당한 사람인지 확신하지 못하고 있었다. 나는 계획이라는 것 자체가 없었다.

3학년 겨울학기 시험기간 중이었다. 돌계단에 앉아 우리는 뜬금없이 미래의 서로에게 보낼 가상의 크리스마스 편지를 읊었다.

톰이 먼저 시작했다. "대니얼에게. 우리 둘 다 가정을 꾸리고 새로운 사람들과 함께 살아가기 시작했어. 이제야 뭔가 잘될 것 같다는 생각이 든다. ……근데 장난감 사업에 뛰어들었다는 게 사실이야? 자면서도 할 수 있는 게임 제작에 투자했다는 소문은 들었는데 말이야."

"톰에게. 장난감 사업만 시작한 게 아니라 뉴저지에 있는 우리 집 바로 옆에 라켓볼 공장도 세웠단다. 아버지가 엄청 자랑스러워하셔. 난 이것도 좀 더 흥미있는 일을 찾기 위한 과정일 뿐이라고 생각하지만. 근데 그게 뭘까? 비치볼? 어쨌든 작년에 네가 편지로 보내준 희망에 관한 설교 잘 읽었어. 정말 감동이었어. 그런데 희망에는 뭔가 이뤄야 하는 대상이 꼭 있어야 하지 않나 싶은 생각이 자꾸 들긴 해. 스포츠카를 사고 싶다거나 하와이 여행을 가고 싶다거나 신을 영접해보고 싶다거나 하는 것처럼 말야. 하지만 아무것도 없이 달랑 희망? 글쎄."

우리는 계속 즉흥적으로 서로에게 가상의 크리스마스 편지를 썼다. 미래에 해마다 서로에게 보내는 편지 속에서 우리는 결혼을 하고 자식을 얻고 새로운 일자리와 집을 마련했다. 상상 속에서 우리 삶은 점점 평범해져갔고 뭔가 신나는 걸 찾고 싶다는 열망은 사그라들었다. 그러고는 톰이 편지 게임의 마지막을 장식하는 글을 읊었다. "대니얼에게. 톰이 세상을 떠나니 목사관 주변이 너무나 조용하구나."

이 대목에서 우리는 흐느끼기 시작했다. 단순히 먼 미래에 톰이 죽는다는 상상 때문만은 아니었던 것 같다. 전혀 영향이 없다고는 할 수 없겠지만 시험 스트레스 때문도 아니었다. 그보다는 다가올 우리의 삶이 어쩌면 이렇게 무의미할까 하는 생각 때문이었을 것이다. '이게 전부일까?'라는 느낌을 둘 다 가슴 깊이 느꼈기 때문이다. 하지만 이 게임에는 뭔가 웃긴 점이 있었다. 부조리극을 보는 듯한 우스움. 차가운 돌계단에 걸터앉아 친구와 나는 서로를, 우리에게 닥쳐온 곤경을 비웃고 있었다. 1959년 어느 겨울밤 그 몇 분 동안 우리는 에스트라공과 블라디미르였다.

소설과 연극은 그 어떤 철학 에세이보다도 부조리주의absurdism를 실감나게 묘사한다. 삶의 무의미함을 접하고, 이 무의미함을 받아들이는 일이 불가능하다는 사실에 절망하고 신음하는 경험을 작가는 개개인의 목소리를 통해서만 전달할 수 있다. 부조리주의는 단순히 그러한 사실이 어떻게 존재하는가에 대한 사상이 아니라, 그러한 사실이 어떻게 우리의 삶과 충돌하는가에 대한 사상이다. 베케트는 이를 충격적으로 전달한다.

흉을 보려는 건 아니지만, 19세기 부조리주의의 대부라 할 수 있는 쇠렌 키르케고르Søren Kierkegaard가 이 현상을 어떻게 서술했는지 한번 보자. "부조리란 무엇인가? 쉽게 알 수 있듯이 이성적 존재인 내가 이성, 곧 생각의 힘이 스스로에게 시키는 대로 행동해야 한다는 사실이다. 어떤 일을 할 때 다른 어떤 일과 마찬가지로, 말하자면 내 이성과 생각이 말하는 대로 할 수 있을 뿐이다. 나는 행동할 수 없지만 지금 이곳이 바로 내가 행동해야 하는 곳이다."

무슨 말인지는 이해한다. 그 의미가 내게 생생하게 다가오지 못할 뿐이다. 물론 키르케고르는 부조리에서 신에 대한 믿음으로 도약하는 토대를 쌓으려 했지, 모든 것에 대한 무의미함을 넘어 절망의 웃음으로 도약하려 하지는 않았다. 그럼에도 키르케고르를 읽고 있자면 에스트라공과 블라디미르가 그리워진다.

카뮈는 우리가 직면하는 부조리가 철학의 근본 문제라고 선언한 최초의 현대 철학자였다. 그는 주요작《시지프 신화 Le Mythe de Sisyphe》에서 부조리주의가 삶에서 의미를 찾으려는 인간의 원초적 욕망과 이성적인 방식으로는 그 의미를 찾을 수 없다는 사실 사이의 부조화에서 나온다고 서술했다. 부조리는 논리적 모순이 아니라 실존적 모순이며 인간 존재가 가진 근원적 수수께끼다. 우리는 의미를 갈망하지만 얻을 수는 없다.

카뮈에 따르면 이러한 부조리에 직면했을 때 나오는 세 가지 기본적인 반응이 있다. 1) 자살한다('삶은 의미 없고 덧없는 것이니 살 필요가 없다'), 2) 키르케고르식 도약으로 신앙에 도달한다('다른 것과 마찬가지로 삶도 비이성적이니 진정 거대한 존재로 향하지 않을 이유가 없지 않은가?'), 3)

모든 부조리를 있는 그대로 받아들이고 그럼에도 계속 살아간다.

카뮈는 당연히 계속 살아가는 쪽을 선택했다. 이를 위해서는 스스로 의미를 만들어내며 무에서 삶을 창조할 수 있는 급진적 자유가 필요하다. 실존적으로는 분명히 흥분되는 일이다. 그러나 시지프의 끝없이 반복되고 의미 없는 형벌이 갖는 희비극적인 역설에도 불구하고 나는 카뮈의 이 글을 읽는 동안 어떤 실존적인 웃음도 지을 수 없다.

'부조리하다absurd'라는 말은 프랑스어로도 영어로도 어떤 일이나 상황이 '터무니없이 일치하지 않는' 상태를 의미한다. 지금 이야기하는 철학사조를 가리키는 데 안성맞춤인 단어다. '의미를 찾고자 하는 우리의 욕구'와 '의미를 찾는 일의 불가능함'만큼 서로 일치하지 않는 게 있을까? 하지만 '터무니없이' 부분은 어떤가? 카뮈의 에세이에서는 이 부분이 사라져버렸다. 그러고는 사뮈엘 베케트가 등장한다. 〈고도를 기다리며〉에서 무대 중심에 서는 것은 바로 이 우주적 규모의 터무니없는 농담이다.

유머 이론가들은 대부분 좋은 개그를 만드는 가장 중요한 요소로 '불일치성'을 꼽는다. 어릿광대가 어처구니없을 정도로 커다란 신발을 신고 있는 게 왜 웃길까? 광대가 신은 신발은 일반적인 의미의 신발과는 완전히 다르게 일상적인 용도에 적합하지 않기 때문이다. 오리너구리가 바에 들어오는 것도 마찬가지다. 오리너구리가 이 술집에서 저 술집으로 술을 마시러 돌아다니진 않을 테니까. 철학 공부가 실생활에서 가장 크게 위력을 발휘한 때가 바로 코미디언들의 개그 대본을 쓸 때였다. 철학이야말로 역설이라 불리는 극도의 불일치로 가득 찬 분야가 아니던가. 실제로 내가 좋아하는 옛날 농담들은 그야말로 뼛속까지 바보 같다. 그중 하나가 상트페테르부르크 기차역에서 사람을 착각한 사샤 이야기다.

사샤가 한 사람에게 다가가 물었다. "혹시 우리 아는 사이 아니오?"

그 사람이 말했다. "아뇨. 완전 초면입니다만."

사샤가 말했다. "잠깐만, 민스크에 혹시 가본 적 없수?"

그 사람이 대답했다. "없소."

그러자 사샤가 말했다. "어, 나도 가본 적 없는데. 우리 둘이 아니었나 보구먼."

하지만 궁극의 부조리 개그는 삶의 의미를 발견할 수 없는데도 이를 찾아 계속 헤매는 인간이다. 이 모습에서 웃음을 이끌어낸 것은 베케트의 공로라 하겠다.

에스트라공: 그러니까 디디, 우리는 항상 살아 있다는 걸 실감나게 해주는 무언가를 찾아내잖아?

블라디미르: 그래, 그렇지. 우리는 마법사니까.

하하!

아, 이런!

헉!

하하하!

18

침실에서는 삶의 무의미함도 훨씬 괜찮아 보인다

"The philosopher who finds no meaning for this world is not concerned exclusively with the problem of pure metaphysics; he is also concerned to prove that there is no valid reason why he personally should not do as he wants to. (…) For myself (…) the philosophy of meaninglessness was essentially an instrument of liberation, sexual and political."

이 세상에서 아무 의미도 찾지 못하는 철학자는 순수 형이상학 문제에만 신경 쓰고 있는 게 아니다. 원하는 대로 무조건 해서는 안 되는 이유가 딱히 없음을 증명하는 데에도 신경을 쓰고 있다. 나로 말하면…… 무의미의 철학은 근본적으로 성적으로나 정치적으로나 자유를 위한 도구다.

— **올더스 헉슬리** | 영국 소설가·철학자(1894~1963), 사회비평가, 인문주의자, 정신주의

올더스 헉슬리는 웃기려고 한 말이 아닐 테지만 허무주의에 관한 이 문구 역시 웃음을 안겨준다. 헉슬리는 무의미가 결국 에로틱한 침실로 통하는 문이라고 말한다. 공허도 권태도 만사의 부조리에 대한 우울한 웃음도 없는, 그냥 즐겁고 자유로우며 흥겨운 성적 희열 말이다. 침실에서는 무의미도 훨씬 괜찮아 보이기 시작한다.

이 문구를 명언집에 수록했을 때가 30대 초반이었는데, 당시 내가 약간 죄책감을 가진 채 딱 이렇게 살고 있었기 때문에 이를 정당화해줄 수 있는 말이 필요했다. 원하는 대로 하지 않을 이유가 없다는 생각에 누군가의 동의와 지지가 필요했던 건 두말할 나위도 없다.

실존주의자라면 무의미에 관한 헉슬리의 생각이 전체가 아닌 부분만을 본 것이라고, 다시 말해 '모든 것의 무의미'라는 큰 그림이 아니라 사회가 정해놓은 정치적·종교적인 기준의 무의미에 관해 이야기하고 있을 뿐이라고 주장할 것이다. 맞는 말이다. 헉슬리는 자유로운 섹스는 커다란 가치를 지니며, 따라서 모든 게 무의미한 것은 아니라고 은연중에 말하고 있다.

철학적 허무주의가 다루는 무의미는 범위가 매우 넓다. 모든 존재를 부정하는 형이상학적 허무주의부터, 우리가 그 존재를 인정하면서도 더 나아질 가능성이 있는 사회의 가치와 규칙을 거부하는 도덕적·정치적 허무주의까지 있다. 특히 이 마지막 도덕적·정치적 허무주의에 빗대어볼 때, 우리가 사회·정부·종교가 물려준 진실에서 벗어날 수 있다면 삶은 고전적이며 쾌락주의적인 방식으로 더 즐거워진다는 사실을 쉽게 알 수 있다.

헉슬리는 앞으로 다가올 시대정신zeitgeist을 일찍이 예감하는 기이한 재능이 있었다. 1932년에 발표한 대표작《멋진 신세계》에서 그는 반세기 후면 상용화할 의학적 인간복제 기술을 예견했다. 더 중요한 사실은 미래에 전 인류의 인간성을 말살하고 통제하는 데 세뇌 기법이 사용될 것이라고 예견했다는 것이다. 1950년대 초 페요테선인장에 함유된 환각 성분 메스칼린mescaline을 처음 맛본 뒤 헉슬리는《지각의 문The Doors of Perception》에서 그 특별한 경험을 묘사했고 10년 뒤에 찾아올 사이키델릭 열풍의 선구자가 됐다. 피임약의 출현과 향정신성 의약품에서 비롯한 급진적 관점 사이에서 헉슬리는 1960년대의 자유로운 정신을 예상했을 뿐만 아니라 그 출현에 주도적인 역할을 했다. 이는 '성혁명sexual revolution'(기존의 성문화와 관념을 비판하며 1960년대에 출현한 사회운동–옮긴이)의 탄생으로까지 이어졌다. 이 시기에 교회와 국가의 구속에서 벗어난 자유로운 사람들이 섹스는 죄악이나 죄책감을 가질 대상이 아니라고 선언하면서, 욕망은 그저 즐길 거리일 뿐이므로 자유롭게 추구해야 한다고 주장했다.

많은 사람이 실제로 그렇게 했다. 하지만 섹스를 단지 즐거운 스포츠로 보는 생각에 단점도 적지 않다고 느끼는 사람들이 나타났다. 성생활을 즐긴다고 해서 마음에 상처가 없어지는 건 아니었다. 서로 간의 신뢰는 더욱 복잡해졌고 '성적으로 개방된 결혼'은 오래가지 못했다. 사랑이라는 개념이 전례 없이 흔들리면서 소외감과 고독이 우리 안에 자리 잡기 시작했다. 실망스럽게도 성해방운동에는 그만한 대가가 따랐다. 헉슬리 같은 위대한 예언자도 거기까지는 예견하지 못했다.

헉슬리에게 성적 자유는 정력적인 작가에게만 따라붙는 문제였다. 그 시대에는 누구나 섹스를 헤프게 했다. 헉슬리의 한 전기 작가는 헉슬리의 첫째 아내 마리아가 혼외 연애를 하라고 오히려 남편을 부추겼다고 서술했다. "마리아는 남편이 그런 탈선을 즐긴다고 생각했을 뿐 아니라 일에서 잠시 떨어져 있을 수 있도록 일상에서 변화가 필요하다고 생각했다." "올더스는 복잡한 구애 과정에 시간을 낭비하고 싶지 않았기 때문"에 마리아가 알맞은 연애 상대를 직접 골라 남편에게 선보여야 했다. 막상 헉슬리에게 이런 밀회 약속은 사소한 탈선을 훨씬 넘어서는 것이라 그는 다시 돌아가서 일하기를 간절히 바랐다. 이런 모습이 혁명적 해방과는 거리가 멀어 보이지만 그래도 생각이 중요한 게 아닌가라고 나는 생각한다.

19

일요일 노이로제

"There's a great difficulty in making choices if you have any imagination at all. Faced with such a multitude of desirable choices, no one choice seems satisfactory for very long by comparison with the aggregate desirability of all the rest, though compared to any 'one' of the others it would not be found inferior."

상상력이 있는 한 선택은 너무나 어려운 일이다. 다수의 탐나는 선택지를 마주했을 때, 나머지 전부의 가치를 합친 것과 비교하면 어떤 '한 가지' 선택도 오래 만족스러울 수 없다. 일 대 일로 비교하면 나무랄 데 없는 선택이라 해도 말이다.

– **존 바스** | 미국 소설가(1930~2024), 실존주의자

참 기쁘게도 몇몇 재능 있는 미국 작가가 부조리를 유머러스하게 묘사하며 프랑스 실존주의자들이 떠난 자리를 메꿔줬다. 1960년대 초 존 바스John Barth의 《여로의 끝The End of the Road》을 처음 읽었을 때 바보처럼 웃음이 터졌다. 유럽식 실존주의에 대항하는 미국식 실존주의의 정수였다. 사르트르의 《구토》 속 주인공처럼 《여로의 끝》에 1인칭으로 등장하는 주인공 제이크 호너는 모든 것이 무의미하다는 우울감으로 고통받는다. 그런데 호너의 신경과민은 너무나 진지한 나머지 익살스럽기까지 하다. 뭔가를 평범하게 선택할 수 없는 이유에 대해 그가 무표정한 채로 생각하는 모습은 그 자체로 일종의 하이코미디다. 사뮈엘 베케트의 부조리주의보다는 우디 앨런의 혼란스러움에 가깝다.

그렇다. 바스의 말대로 스스로 삶의 의미를 만들 수 있다는 건 끔찍한 특권이다. 하지만 그전에, 우리는 대체 어떻게 일상을 구성하는 자잘한 결정들을 내리는 것인가?

《여로의 끝》 첫 장면은 떠올리기만 해도 웃음이 난다. 주인공 호너는 볼티모어 기차역 창구에서 30달러로 갈 수 있는 곳이 어딘지 묻는다. 오하이오주 신시내티, 크레스틀라인, 데이턴, 리마라는 대답을 듣고 그는 대기실 벤치에 기대앉는다. 생각해보니 그중 어디로도, 심지어 집으로 돌아가야 할 어떤 이유도 없었기에 그냥 거기에 계속 앉아 있는다. 호너는 말한다. "차에 연료가 바닥난 것처럼 동기가 없었다. 뭔가를 해야 할 이유가 딱히 없었다. 그런 근본적인 생각이 들자 눈도 못 박힌 듯 움직이지 않았다. 뭔가를 해야 할 이유가 없다는 게 사실이었으므로 눈의 초점을 바꿔야 할 이유마저도 없었다."

그다음 날 여전히 기차역 벤치에 멍하니 앉아 있던 호너에게 한 의사가 다가오더니 '코스몹시스cosmopsis'라는 병에 걸렸다고 진단을 내린다. 코스몹시스는 작가가 만든 말로, 가능한 선택지 중 하나를 고를 수 없게 된 상태를 가리킨다. 그리하여 호너는 그 의사가 있는 '재동원 농장Remobilization Farm'이라는 병원으로 가서 사르트르의 작품과 《세계 연감World Almanac》(그해의 주요 사건과 인물, 통계수치 등 각종 기록을 열거한 일종의 잡학사전-옮긴이)을 동시에 읽는 등 치료를 받는다. 의사는 호너가 삶을 회복할 때까지 일상에서 결정하는 법을 처방한다. "여러 선택지 사이에서 망설이지 마세요. 그러면 길을 잃습니다. 당신은 그렇게 강한 사람이 아니에요. 선택지가 동시에 널려 있다면 맨 왼쪽 걸 고르세요. 시간을 두고 하나씩 나타나면 가장 먼저 걸 고르세요. 어느 쪽도 아니라면 알파벳 순서로 맨 앞에 나오는 걸 고르세요. 왼쪽 쓰기, 선행, 알파벳순 법칙이라고 합니다. 임의적이긴 합니다만 그래도 꽤 쓸모 있어요. 아, 물론 다른 법칙도 있답니다."

결정장애를 극복하기 위해 의사가 그다음으로 처방하는 '신화치료mythotherapy'는 '가면'을 써서 상징적 역할을 수행해 자아를 없애려는 치료법이다. 실존주의가 괴상한 쪽으로 변한 것이라 할 수 있다.

웃긴 부분을 제외하고 《여로의 끝》이 내게 큰 의미를 갖는 이유는 존재와 무의미성을 지나치게 추상화하지 않고 실존주의를 원래 속해 있는 일상적인 삶으로 되돌려놓았기 때문이다. 이 소설은 모든 가능한 선택지가 똑같이 가치 없어 보일 때 일상을 헤쳐나가는 법에 관한 재미있는 매뉴얼이다. 그리고 무의미라는 문제에 대한 해결책으로 전통적인 미국식 노하우를 유쾌한 방식으로 제시한다.

《여로의 끝》에서 내가 인용한 구절을 보면 바스 또는 호너는 결정해야 하는 사람이 맞닥뜨리는 특정한 문제, 예를 들어 내 예전 친구 하비브가 각각의 선택지 사이에서 겪었던 곤경 같은 문제를 이야기한다. 가능한 선택 전체의 합이 그중 한 가지를 고르는 것보다 훨씬 나아 보인다는 점 때문에 호너는 곤란해한다. 이는 호너가 한 가지를 나머지 전부와 동시에 비교하는 어리석은 실수를 저질렀기 때문이다. 대체 그런 바보 같은 계산법은 어디서 나온 걸까?

똑똑한 이들마저도 똑같은 문제를 겪는다. 이런 어리석은 실수는 스스로가 만든다. 우리는 보통 가능성 있는 전체를 갖고 싶어하며 이 중 딱 하나만을, 적어도 한 번에 하나만을 골라야 하는 상황이 오면 우울해한다. 이런 상황은 우리에게 실존적 우울을 안겨주고도 남는다.

'선택'과 '자아 만들기' 문제가 유럽 철학자들과는 전혀 다른 방식으로 등장하는 1960년대 미국식 실존주의 소설이 또 하나 있다. 워커 퍼시Walker Percy의 놀라운 작품 《영화광The Moviegoer》이다. 음악인 같은 이름을 가진 주인공 빙크스 볼링은 삶의 공허함에 시달린 나머지 언제나 공상에 잠겨 있거나 영화, 라디오 프로그램, 책 등에 등장하는 인물들의 삶에 몰두해 있다. 그러던 어느 날 빙크스는 의식을 완전히 뒤바꾸는 사건 하나를 겪고 삶의 의미를 찾기 위한 모험을 시작한다. 빙크스는 이렇게 말한다. "찾는다는 행위가 본질적으로 무엇이냐고 묻는다면 답은 실로 간단하다. 적어도 나 같은 사람에게는 너무나 간단해서 지나치기 쉬울 정도다. 찾는다는 것은 자기 삶의 일상성에 잠겨버리지만 않는다면 누구나 할 수 있는 일이다."

'일상성Alltäglichkeit'은 실존주의의 핵심 개념이다. 이 개념은 날마다 반복하는 행동과 역할에 매몰되어 자신이 누구인지, 자신이 어떤 선택을 할 수 있는지 전혀 인식하지 못하는 상태를 말한다. 독일의 실존주의 철학자 마르틴 하이데거Martin Heidegger는 대표 저서 《존재와 시간Sein und Zeite》에서 이를 자세히 설명했다. 예전에 이 책의 한 장章에서 '일상성'의 의미에 관해 읽어봤는데 "세인das Man"(익명의 불특정 다수, '세상 사람' 또는 '그들'–옮긴이)이라는 개념을 도입해 "이는 무엇보다도 개별성을 찾아내는 것이 불가능한 실존의 공간으로서의 개인을 의미한다"라고 서술했다. 이 설명을 명확하게 이해할 수 없었다. 아마 번역 문제였을 것이다.

실존주의 심리학자 빅토르 프랑클Viktor Frankl은 "일요일 노이로제Sonntagsneurose"라는 말을 고안해 일상성의 의미를 좀 더 분명하게 전달한다. 이 표현은 "바쁜 한 주가 지나고 내 안에 공허함이 나타날 때, 삶에 의미 있는 내용물이 부족함을 깨닫는 사람들을 괴롭히는 우울함"을 뜻한다.

빙크스 볼링은 내 안의 '일상성'이 무엇인지 이해하도록 도와준다. 바스와 퍼시의 작품을 읽고 나서 나는 어떤 철학적 사상은(특히 최선의 삶이 무엇인가에 관한 내용일 경우에) 소설을 통해 그 의미를 가장 잘 전달할 수 있다고 새삼 깨달았다.

20

왜 다른 사람에게 잘해줘야 할까?

"In the golden rule of Jesus of Nazareth, we read the complete spirit of the ethics of utility. 'To do as you would be done by,' and 'to love your neighbor as yourself,' constitute the ideal perfection of utilitarian morality."

예수의 황금률을 통해 우리는 유용성 윤리의 완전한 정신을 배울 수 있다. '자신이 대접받고자 하는 대로 남을 대하라.' '이웃을 자신처럼 사랑하라.' 이는 그 사체로 이상적이며 완벽한 공리주의 도덕이다.

– **존 스튜어트 밀** | 영국 철학자(1806~1873), 공리주의자

영화 〈화니와 알렉산더〉의 감동적인 마지막 장면을 자주 떠올리곤 한다. "세상은 도적들의 소굴이며 밤은 서서히 다가오네. 악이 사슬을 끊고 미친개마냥 온 세상에 날뛰네. 우리는 악에 감염되어 도망치지 못하네. 그러니 행복할 수 있을 때 행복해집시다. 친절하고 자비로우며 다정하고 선해집시다. 부끄러워 말고 이 작은 세상을 즐깁시다."

하지만 "부끄러워 말고"라는 부분이 계속 마음에 걸린다. 많은 이와 마찬가지로 나 또한 운이 좋게 행복하고 안전한 공간 속에 살고 있으며 세상에 '악이 미친개마냥 날뛰고 있다'는 사실을 자주 망각해 죄책감을 느끼곤 한다. 의식 있는 쾌락주의자는 곤혹스러울 때가 있다. 많은 경우 쾌락은 타인이 무언가를 빼앗기는 대가로 나오기 때문이다. 그렇다면 어느 쪽이 내게 더 중요한가를 생각해야 한다. 즐거움feeling good인가 선being good인가? 명언집에 적어놓은 이 구절을 읽는 것을 시작으로 이 딜레마에 관해 학생 시절에는 늘 존 스튜어트 밀에게 도움을 얻었다.

나는 황금률이 언제나 마음에 들었다. 명언 같은 간결함도 한몫했다. 분명하고 빠르게 요점을 전달해서 적당한 상황이 오면 그대로 실천하기 좋았다. 아주 깔끔하다. 거의 모든 문화에서 사실상 비슷한 격언을 찾아볼 수 있는 건 전혀 놀랍지 않다.

하지만 성경의 황금률은 이를 믿음의 문제로 받아들이라고 요구한다. 자신이 선해지는 것은 곧 신이 내게 만족하도록 하는 기본적인 방법이다. 그러니 신앙심이 약하다면 그 이유를 계속 물을 수밖에 없다. 왜 다른 사람에게 잘 대해줘야 하는 것일까? 냉정하게 말해 그래서 나한테 남는 건 뭐란 말인가?

이런 의문에 밀은 답한다. 황금률은 공리주의적 개념이다. 황금률을 따르는 것은 최대 다수의 최대 행복을 실현하는 일이며, 대체로 자신에게도 영향을 끼치므로 결국 자신에게도 최대 이익이 된다. 따라서 이는 '현명한 이기심'으로서의 도덕적 행위다.

그러나 여전히 의문이 남는다. 내가 황금률을 준수한다고 해서 주변 사람들도 이를 준수할 것이라 확신할 수 있는가? 나는 이것이 우리가 사회와 맺는 일종의 계약이라고 생각한다. 네가 황금률을 준수한다면 나도 그렇게 할 테고 그러면 우리 모두 잘될 거야.

하지만 네가 먼저 해, 알겠지?

보통 이 '네가 먼저' 때문에 모든 게 꼬인다. 도덕철학자들이 '무임승차 문제'라고 명명한 상황, 그러니까 몇몇 사람이 속임수로 다른 사람들의 선의에 무임승차하기 시작하면 황금률을 준수한다는 사회 전체의 원칙이 무너지게 되는 상황이 바로 여기서 시작한다.

내가 친구 조애너한테 정말로 열받았던 몇 안 되는 경우가 바로 이 '무임승차' 문제였다. 조애너는 독실한 인지학anthroposophy(20세기 초 루돌프 슈타이너Rudolph Steiner가 주창한 영적 철학으로 인식의 중심에 신이 아니라 인간을 둬야 한다고 주장하며, 자체적인 종합 행동규범을 갖고 있다) 신자로, 자식들에게 백일해 예방접종을 하지 않았다. 슈타이너는 "예방접종은 인체에 영향을 주어 그 안에 영혼이 깃들 수 없게 만든다"고 말했다. 조애너는 이를 그대로 따른 것이다.

하지만 예방접종의 목적은 모든 사람에게 치명적인 질병을 예방하는 것이다. 예를 들어 소크-세이빈Salk-Sabin 소아마비 백신 덕분에 서구에서는 소아마비가 거의 사라져 백신을 맞지 않은 아동들도 사실상 감염 위험이 없어졌다. 백일해도 백신 발명으로 거의 근절됐지만 소아마비만큼은 아니어서 백일해균은 아직 아동들 사이에 퍼질 가능성이 있다. 따라서 조애너의 아이들이 백신 접종을 하지 않고도 감염 위험이 거의 없이 돌아다닐 수 있는 것은 예방접종을 받은 아이들에게 무임승차하고 있기 때문이다. 그뿐 아니라 매우 낮은 확률이긴 하지만 만일 백일해에 감염된다면 다른 아이들, 예를 들어 아직 접종을 받지 않은 신생아들에게 옮길 위험도 있다.

공정하지 않아! 나는 조애너에게 말했다.

왜 접종을 받는 다른 아이들에게 자신의 아이들을 무임승차시키는가? 예방접종을 하지 않은 덕분에 몸 안에 영혼이 깃들 자리를 얻는다고 조애너가 진심으로 믿고 있다면, 그녀는 자신의 아이들이 다른 아이들에 비해 영적 생활을 누릴 가치가 더 높다고 생각하는 것일까? 백일해 감염 확률이 예전만큼 높다 해도 자식에게 예방접종을 시키지 않을까? 그러지는 않을 것 같다는 생각이 종종 든다. 예전에 백일해는 영아 사망의 주요 원인이었다.

황금률을 준수하자는 계약에 많은 사람이 무임승차하면 끝내 사회는 무너진다. 앞서 말한 경우에 적용하자면 백일해가 결국 돌아와서 모든 이를 고통에 빠뜨릴 것이다. 아무리 생각해도 무임승차는 정당하지 않다. 우리가 만든 황금률 계약을 위반하는 행위다.

21

한숨만 쉰다고 세상이 바뀌지 않는다

"I don't think there's much point in bemoaning the state of the world unless there's some way you can think of to improve it. Otherwise, don't bother writing a book; go and find a tropical island and lie in the sun."

개선할 방법 없이 세상을 개탄하는 건 별로 의미가 없다. 대안이 없다면 책 같은 건 쓰지도 마라. 열대 휴양지에서 일광욕이나 즐길 일이다.

— **피터 싱어** | 오스트레일리아-미국 철학자(1946~), 도덕철학자

몇 년 전 피터 싱어Peter Singer가 동물의 윤리적 처우에 대해 강력한 발언을 언론에 내놓고 나서야 나는 그의 이름을 처음 알았다. 관련 글 몇 편을 읽어보니 이 철학자는 내가 좋아하는 동물인 '인간'의 윤리적 처우에 관해서도 할 말이 많아 보였다. 싱어의 사상에서 마음에 들었던 부분은 일반적이고 추상적인 분야 모두에 걸친 도덕철학 문제를 구체적인 윤리적 딜레마를 통해 정면으로 제시한다는 것이었다.

반면 마음에 들지 않는 부분도 있으니, 그의 글을 읽고 나면 자주 죄책감이 든다. 그것도 아주 많이.

이 둘은 긴밀한 연관성을 가진다. 보통 이 죄책감은 싱어가 내놓는 구체적인 도덕적 각본을 내가 실생활에서 그대로 실천하지 않아서 생기기 때문이다.

예를 들어 싱어가 이야기한 브라질 영화 〈중앙역Central Station〉 줄거리를 보자. 영화에서 가난한 여인 도라는 갑자기 몇천 달러를 벌 기회를 얻는다. 떠돌이 꼬마 하나를 꼬드겨 부유한 외국인들이 기다리는 집으로 데려가 그들에게 입양만 시키면 된다. 도라는 이렇게 번 돈으로 컬러 텔리비전을 산다. 하지만 그때 누군가가 도라에게 진실을 알린다. 그 꼬마는 입양된 것이 아니라 장기밀매용으로 암시장에서 거래되며, 장기를 적출당하고 나면 그대로 죽고 말 것이라고.

이 시점에서 모두 경악한다. 의도하지는 않았으나 도라는 결국 자신이 초래한 끔찍한 현실을 당장 바로잡아야 한다. 올바른 도덕적 사고를 하는 사람이라면 "이봐, 어차피 걔는 아무도 신경 안 쓰는 거리의 부랑아이고 도라는 새 텔레비전을 얻었는데, 뭐 어때" 따위로 말하지 않을 것이다. 비양심적이니까. (영화에서 도라 역시 양심적이고 올바른 선택을 한다.)

여기서 싱어는 제대로 한 방을 날린다. 제1세계에서 우리는 컬러 텔레비전처럼 반드시 필요하지는 않은 물건을 사는 데 가진 돈의 3분의 1가량을 소비한다. 그 돈을 옥스팜Oxfam 같은 단체에 기부하면 리우데자네이루의 집 없는 아이들에게 음식과 안전을 보장할 수 있는데 말이다. 싱어가 보기에 도라의 선택과 우리의 선택 사이에 궁극적으로 아무 차이가 없으며, 이때 적용되는 도덕적 원칙도 같다. 따라서 우리는 도덕적으로 올바르다고 생각한 대로 행동해야 한다.

이 주장은 반박하기 힘들다. 적잖은 이들이 반박을 시도했지만 대부분은 도덕보다 현실적 측면에 초점을 맞춘다. 옥스팜이 그런 일을 정직하고 올바르게 할 거라고 어떻게 확신하는가? 자선은 결국 의존과 나태함으로 이어지지 않는가? 이런 논거는 나에게 그다지 설득력이 없다.

싱어는 단순히 유사성에 기초해 도라가 꼬마에게 한 행동·비행동을 옥스팜에 대한 우리의 행동·비행동에 대입한다.

이를 지적한다면 철학적으로 의미가 좀 더 다른 반박이 될 것이다. 싱어의 유추는 불완전하다. 예를 들어 옥스팜에 기부하지 않기로 해도 이것이 누군가가 죽는 직접적인 원인이 되지는 않는다. 반면 도라는 꼬마를 외국인들에게 데려감으로써 의도한 건 아니지만 꼬마의 죽음에 적극적으로 원인을 제공했다.

그렇다. 사실 엄격히 따지면 어떤 유추도 완벽하지 않다. 완벽하다면 그건 유추가 아니라 동등 비교다. 어쨌든 나는 이 '적극적' 대 '비적극적' 주장에도 공감하지 않는다. 어떤 행동이 가져올 수 있는 결과를 어떻게든 인지하고 있다면 적극적이냐 비적극적이냐는 그리 중요하지 않다. 따라서 나는 싱어의 유추와 주장을 받아들이는 쪽이다.

나는 꼭 필요하지 않은 물품을 집에 두고 살면서도 옥스팜에 한 푼도 기부해본 적이 없다. 인정한다. 싱어에 따르면 나는 근본적으로 도덕적이지 못한 사람이다. 당연히 기분 좋다고는 말 못한다. 사실은 그런 생각이 들 때마다 끔찍하다. 확실히 이에 관해서 생각을 좀 더 해봐야겠다. 아니면 옥스팜에 십일조를 내든지 그냥 행동에 옮길 수도 있다.

나는 도덕적으로 적극적이지 못하지만 싱어는 옳다. 세상이 정의롭지 않다고 불평하면서 정작 이를 바꾸기 위해 편안한 의자에서 벗어나지는 않는 이들에게 싱어가 가하는 저격에 전심전력으로 동의한다. 위선이라고 해도 할 수 없다. 사실 가장 기만적 형태의 위선이라고 해도 좋다. 자신이 위선이라고 부르는 대상에게 위선적 태도를 보이고 있는 것이니 말이다. 그러나 나는 자신의 도덕적 판단을 목청껏 외쳐대는 것만으로 세상을 바꾸기 위한 책무가 끝났다고 생각하는 불평꾼들 편은 절대로 들 수 없다. 그들의 제1세계 머리 위에 제3세계의 물 한 양동이를 흠씬 끼얹고 싶다.

22

보상 없는 선행은 쉽지 않다

"A man who strives after goodness in all his acts is sure to come to ruin, since there are so many men who are not good."

모든 일에서 선을 추구하는 사람은 결국 실패할 수밖에 없다. 선하지 않은 사람이 너무나 많기 때문이다.

— **니콜로 마키아벨리** | 이탈리아 철학자·외교관(1469~1527), 정치철학자

도덕적 딜레마를 다룬 피터 싱어의 글을 읽고 자신이 그리 선하지 못하다는 사실에 기분이 나빠진다면, 악의 윤리학자 마키아벨리Niccoló Machiavelli의 글을 쭉 들이켜자. 다시 기운이 난다.

대표작 《군주론Il Principe》에서 마키아벨리는 세상에서 앞서 가기 위한 자세한 계획을 소개했다. 피렌체 출신의 이 철학자가 아마존닷컴이 '처세술·자기계발서'로 분류하는 서적을 최초로 집필한 셈이다. 1960년대에 이 문구를 명언집에 수록했을 때는 몰랐지만 돌이켜보니 그때 나는 자기계발이든 뭐든 도움이란 도움은 모두 필요한 상황이었다.

《군주론》의 원칙은 '힘이 곧 정의'라는 것이다. 목표를 완수하는 것이 가장 우선이어야 하며, 그 목표를 위해서라면 때로는 사기와 속임수도 불사해야 한다. 무조건 지켜야 하는 목표 앞에서 '선한 행동' 따위는 잊어버려라. 걸리적대기만 할 뿐이다. 전쟁에서 이기고 국가를 병합하고 반항하지 않도록 국민을 복종시키는 게 먼저다.

'선한 행동'은 시간과 자원을 낭비할뿐더러 생산적이지도 못하다. 그로 인해 우리를 망가뜨리려는 경쟁자만 덕을 볼 뿐이다. 적은 우리를 칠 단도로 손을 뻗을 때 무엇이 '올바른 일'인지 따위는 전혀 생각지 않는다.

당연히 가톨릭교회는 이 저서를 승인하지 않았다. 처음부터 교회는 '선은 그 자체로 보상'이라는 윤리관을 견지해왔다. 선을 행하는 것은 개인적 이득을 얻기 위해서가 아니라 그저 선한 사람이 되기 위해서다. 물론 신을 기쁘게 하기 위한 목적도 있지만 궁극적으로 두 가지는 거의 같은 의미다. 게다가 선을 행할 때 개인의 희생이 필요하다면 그 사람은 더 높은 경지의 선인이 된다.

기독교가 이런 식으로 '선함의 위계'를 제시하기 훨씬 전부터 유대인들은 고대의 율법과 규칙 모음집 《탈무드Talmud》에서 이를 자세히 묘사했다. 중세시대 유대인 학자 모세스 마이모니데스Moses Maimonides는 《탈무드》에 등장하는 체다카tzedakah('자선'을 뜻하는 히브리어)의 8단계를 다음과 같이 해석했다.

1. 마지못해 주는 것
2. 필요한 만큼보다는 적지만 기꺼이 주는 것
3. 요청받은 다음에 주는 것
4. 요청받기 전에 주는 것
5. 받는 이는 주는 이의 정체를 알지만 주는 이는 받는 이가 누군지 모르게 주는 것
6. 주는 이는 받는 이의 정체를 알지만 받는 이는 주는 이가 누군지 모르게 주는 것

7. 주는 이와 받는 이가 서로를 모르는 상태에서 주는 것
8. 받는 이가 자립할 수 있게 돕는 것

각 단계의 미묘한 차이에 진심으로 감탄이 나온다. 마지막 단계는 늘 놀라운데, 현대사회에서 국가가 시행하는 복지정책을 뒷받침하는 도덕적 논리가 바로 이것이기 때문이다.

'왜 자선을 베풀어야 하는가?' 이 근본적 질문에 답하기 위해 마이모니데스는 체다카라는 단어를 재해석한다. 이 말의 어원은 '올바름·정의·공정함'이며, 어려운 이를 돕는 행동이 단순히 관대한 행동이 아니라 일종의 의무임을 뜻한다. 하지만 왜 이런 의무를 이행해야 할까? 다시 이기심의 영역으로 돌아가보자. 《탈무드》의 전통에서 올바른 일을 행하는 것은 일반적으로 신에게 죄를 용서받거나 자비를 얻기 위해서다. 예를 들면 이렇다. "저 가난한 농부 이차크에게 노새를 주었사옵니다. 그러니 신이시여, 이제 맏딸에게 남편감을 찾아주시옵소서."

'선은 그 자체로 보상'이라는 생각은 이후 여러 철학자가 손대고 다듬었다. 공공연하게 반가톨릭임을 선언한 20세기 벨기에 출신 철학자이자 극작가 모리스 마테를링크Maurice Maeterlinck(우리에게는 《파랑새L'Oiseau bleu》의 작가로 잘 알려져 있다–

옮긴이)는 다음과 같이 말했다. "선한 행위는 그 자체로 행복한 행위다. 어떤 보상도 따라오지 않는 것이야말로 가장 달콤한 보상이다."

이는 선 자체가 보상이라고 말하는 것과는 꽤 다르다. 마테를링크가 말하는 보상에는 특별한 부분이 있는데 바로 '행하는 사람을 행복하게 만든다'는 것이다. 어떤 의미로는 뒤따라오는 쾌락을 위해 올바른 일을 행한다는 '도덕적 쾌락주의'라 부를 수도 있겠다. 이 점 때문에 나는 마테를링크의 원칙이 마키아벨리보다 딱히 더 '윤리적'으로 느껴지지 않는다. 두 원칙 다 이기심에 바탕을 두고 있다.

사실은 마키아벨리나 마테를링크나 우리에게 이렇게 말하려는 것인지도 모른다. '대가가 없다면 사람들은 선한 일을 거의 하려 하지 않을 것이다.' 현실을 직면할 필요가 있다. 서력기원이 시작하던 시기 로마 시인 오비디우스는 모든 '선한 행동과 보상' 계산을 간단하게 냉소적으로 묘사했다. "보상이 따라오지 않으면 인간은 선행을 높이 평가하지 않는다."

마키아벨리즘에는 도덕적인 부분이 없기 때문에 이를 진정한 도덕철학으로 받아들이기는 어렵다. 하지만 이 점이 핵심일 수도 있다. 옳고 그름에 대한 추상적 주장만 가득한 도덕철학은 우리네 삶과 별로 연관성이 없을 수 있다. 20세기 독일 극작가 베르톨트 브레히트Bertolt Brecht는 윤리를 어떻게 생각하느냐는 질문을 받자 이렇게 대답했다. "먹고사는 게 먼저고 윤리는 그다음이다." 윤리적 의사결정이란 살아남기 위해 싸워야 할 필요가 없는 이들을 위한 사치일 뿐일지도 모르겠다.

23

타고난 이타주의의 한계

"[O]ur moral heart strings (…) were designed to be tugged, but not from very far away. But it's not because it's [morally] good for us to be that way. It's because caring about ourselves and our small little tribal group helped us survive, and caring about the other groups—the competition—didn't help us survive. If anything, we should have negative attitudes towards them. We're competing with them for resources."

도덕은 심장을 (…) 울리긴 하지만 멀리 퍼져나가지는 못한다. 그 편이 도덕적으로 좋기 때문이 아니다. 자신과 자신의 종족을 챙기는 게 생존에 유리했기 때문이다. 주변의 다른 집단(경쟁자)을 챙기는 건 생존에 도움이 되지 않았다. 어쨌거나 외부집단을 대상으로는 부정적인 태도가 나올 수밖에 없다. 한정된 자원을 놓고 다투는 상대이기 때문이다.

— **조슈아 그린** | 미국 심리학자·철학자 (1974~), 행동심리학자, 도덕철학자

하버드대학교 교수 조슈아 그린Joshua Greene은 베르톨트 브레히트조차 좋아할 만한 도덕철학자다. 윤리학자로서는 흔치 않게 그는 우리가 '어떻게 행동해야 하는가'에 대한 처방전을 내리기 전에 우선 '우리는 실제로 어떻게 행동하고 있는가'를 제대로 관찰하고 싶어한다. 삶과 좀 더 연관 있고 쓸모 있는 도덕철학을 만들고 싶은 것이다. 매우 좋은 생각이다.

지금은 심리학이 독립적인 영역으로 인정받지만 얼마 전까지만 해도 철학의 한 분과로 여겨졌다. 철학과 심리학 둘 다 인간의 마음이 어떻게 작동하는지 이해하는 데 관심이 있어 충분히 그럴 만했다. 하지만 19세기 후반 들어 심리학은 철학에서 독립해 자연과학 및 과학적 방법론과 연관을 맺었고, 다른 과학 분야와 마찬가지로 인간의 정신과 행동을 측정하고 체계적으로 정리할 수 있다는 결론에 이르렀다. 성격 이론이 발전했고 무의식은 '발견됐으며' 비이성적 행동도 설명 가능해졌다.

여러 철학자, 특히 과학철학자는 이에 회의적이었다. 예를 들어 볼 수도 만질 수도 없는 무의식이란 대체 무엇이란 말인가? 철학자 칼 포퍼Karl Popper는 오이디푸스 콤플렉스Oedipus complex가 반증 가능한 개념이 아니라고, 다시 말해 오이디푸스 이론이 틀렸다고 증명할 수 있는 어떤 증거도 없다고 말하며 과학으로서의 가치를 단호하게 부정했다. 많은 철학자가 과학주의 심리학은 과학적 연구가 처음부터 불가능한 현상을 과학적 방법론을 채택해 설명하려 한다고 비판했다.

한편 도덕철학자들은 심리학이 인간의 실제 행동양식과 행동규범을 융합하는 방식에 이의를 제기했다. 이들은 심리학이 불합리하게 '자연에 호소'하고 있다고, 다시 말해 원래 타고난 자연적인 것이면 반드시 좋은 것으로 가정하고 있다고 지적했다. 심리학자들만 이런 실수를 저지르는 것은 아니다. 예를 들어 동성애가 성의 자연적인 목적인 '생식과 출산'에 맞지 않으므로 자연의 섭리에 어긋나며 따라서 옳지 않다고 주장하는 사람들이 있다. 다른 부분을 떠나 이 논리적 비약에서 가장 큰 허점은 자연계에는 가면올빼미부터 들소와 보노보원숭이까지 동성애 행동이 수도 없이 많다는 것이다. 게다가 나는 지금껏 자신이 자연스럽지 않다고 생각하는 동성애자는 만나본 일이 없다.

그린은 이런 오류에 빠지지 않는다. 그는 인간이 '어떻게 행동해야 하는가'에 대한 기능적 사고와 원칙을 발견하려면 인간이 실제로 도덕적 결정을 내릴 때 어떻게 하는지를 밝혀야 한다고 생각한다. 인간은 어떤 과정을 거쳐 결정을 내리며 필요한 정보는 무엇에서 얻는가? 도덕적 의사 결정은 태초에 어디에서 왔을까?

심리학자와 뇌생리학자들이 현재 제기하는 질문 중 하나

가 이것이다. 인간의 뇌는 선하고 도덕적인 선택을 내리는 구조로 돼 있는가? 예를 들어 이타주의는 우리의 DNA에 들어 있는 개념인가? 이를 연구한 사람들에 따르면 신체적 특징과 마찬가지로 심리학적 특징 또한 적자생존의 원칙에 따라 진화를 거듭해왔다. 따라서 이타주의도 인류, 적어도 인류에 속하는 개별 집단이 생존하는 데 알맞은 특징으로 진화했을 가능성이 있다.

철학과 심리학을 공부한 그린 교수 역시 같은 견해다. 명언집에 수록한 이 문구에서 그는 뇌 구조상의 근본적 단절에 관해 지적한다. 생존에 더 적합하다는 이유로 우리는 자신과 자신의 종족을 돌보도록 진화했으나, 동시에 경쟁 종족을 두려워하고 맞서 싸우도록 진화하기도 했다. 이타주의는 이웃끼리는 놀랍도록 효과가 좋다. 자신의 이웃을 돕는 윤리적 행위는 종족 전체가 생존하는 데 유용하다. 하지만 부족 밖에서는? 별 힘을 쓰지 못한다. 사실 종족 내 이타주의에도 계급이 있다. 과학자 존 버든 샌더슨 홀데인John Burdon Sanderson Haldane이 냉정하게 지적한 대로 "두 형제를 위해서라면 목숨이라도 내려놓을 것이다. ……또는 사촌 여덟 명을 위해서."

근본적 문제는 오늘날 너무나 다양한 종족의 일원들이 항상 맞부딪치고 있다는 것이다. 국가 종족, 정치적 종족, 종교적 종족, 선택받은 금수저 종족 등등. 이제는 집 밖을 나서기만 해도 다른 종족의 일원과 맞닥뜨린다. 비행기를 타거나 신문만 봐도 어디서나 다른 종족을 접할 수 있다. 이제 도덕철학의 주요 의제는 우리가 가진 종족 본능과 현재의 다종족 세계 사이의 간극을 메우는 것이라고 그린은 결론 내린다.

그린은 해결방안도 제시한다. 여러 면에서 이 해결책은 인간이 도덕적 결정을 어떻게 내리는지에 관한 최신 발견을 반영해 존 스튜어트 밀과 제러미 벤담의 공리주의를 새롭게 정리한 모습에 가깝다.

우선 도덕적 결정을 내리는 근본적으로 다른 두 가지 방식을 이해할 필요가 있다. 바로 빠르고 본능적인 생각과 느리고 깊은 생각이다. 전자가 감성적이라면 후자는 이성적이다. 물론 두 방식 각각의 도덕적 결론은 서로 상충하기 십상이다. 하지만 공통점도 있다. 우리 안에서 진화를 거듭한 이타적이고 황금률적이며 공리주의적인 직감이라는 것이다. 빠르고 본능적인 상태에서 우리는 타고난 이타주의를 자동적으로 가족과 종족에게 사용한다. 자식의 돼지저금통을 훔치는 일 따위는 본능적으로 하지 않는다(대부분은). 이 상태에서는 깊은 사고가 필요 없다. 반면 느리고 깊은 상태에서는 황금률에 맞춰 자신의 종족뿐만 아니라 모든 사람을 대상으로 최대 다수를 위한 최대선의 결정을 이성적으로 내린다. 심지어 다른 종족의 돼지저금통이더라도 훔치는 건 잘못된 일이라고 판단한다. 그러나 대부분 이 두 가지 의사결정 사이에는 긴장이 흐르며, 이 긴장은 우리 안에서 진화한 종족 본능과 현재 우리가 살고 있는 다종족 세계 사이에서도 계속된다.

그린은 우리가 '빠르고 본능적인 도덕 상태'를 억누르고 '느리고 깊은 도덕 상태'만 유지하면 더 나은 세상을 구현할 수 있다고 주장하는 게 아니다. 그의 위트 있는 표현을 빌리자면 "우리의 도덕적 직관에 '신경과학적으로 유죄'라고 맹목적으로 판결 내릴 수는 없을 것이다." 어쨌든 그린의 말은 우리에게 내재한 '자동 설정'을 던져버릴 수는 없으나 이를 초월할 가능성은 여전히 남아 있다는 뜻이다.

이를 초월하기 위한 한 가지 방법은 두 가지 상태가 서로 소통하게 만드는 것이다. 그렇게 되면 본능적 이타심은 공리주의적 사고에 더욱 견고한 정서적 기반을 만들어줄 수 있으며, 공리주의적 사고는 본능에 포용력을 더해줄 수 있다. 깊게 사고하는 상태에서 나오는 이성적 원칙이 본능적 자아에게는 불편하게 느껴질지도 모르지만, 이를 지속 가능하게 만들어주는 것이 바로 '공평성을 위한 노력을 도덕적 이상이라고 모두가 느끼는 상황'이다. 우리 안에서 이뤄지는 이 대화는 대단치 않은 진일보일지 모르겠지만 궁극적으로 더 큰 선으로 이어질 수 있다.

윤리에 대한 그린의 실용적 접근과 거기서 나오는 수수하면서도 냉정한 목표 설정이 참 인상적이다. 도덕철학자들은 보통 사람들의 사고방식과 행동에서 심하게 벗어나는 탓에 그들이 하는 말이 공허한 외침으로 들리는 일이 너무나도 잦기 때문이다.

또 피터 싱어의 도덕 테스트에 통과하지 못한 내 죄책감을 누그러뜨려줘 그린에게 고맙다. 그린은 이렇게 말한다. "실제로 인간이 더 큰 선을 위해 사랑하는 모든 걸 제쳐놓을 것이라는 기대는 합리적이지 않다. 내 이야기를 하자면, 나는 저 먼 곳에서 굶주리는 아이들을 내버려두고 자식들을 위해 돈을 쓰며 이를 그만둘 생각도 없다. 결국 나도 인간일 뿐이다! 하지만 적어도 인간이기에 생기는 도덕적 한계를 이상적인 가치로 착각하기보다는 스스로를 위선자라고 인식하며 조금이라도 덜 위선적이고자 노력하는 인간이 되고 싶다."

얼마나 훌륭한 말인가.

24

그때도 지금도 나는 나인가?

"People deserve much less punishment, or even perhaps no punishment, for what they did many years ago as compared to with what they did very recently."

누군가 여러 해 전에 저지른 일에 대해서라면 아주 최근에 저지른 일에 비해 벌을 훨씬 적게 받아도 된다. 어쩌면 아예 벌을 받지 않아도 될지 모른다.

— **데릭 파핏** | 영국 철학자 (1942~2017), 분석도덕철학자

나에게 테크노 쾌락주의자 데이비드 피어스를 소개시켜준 똑똑한 학생이 데릭 파핏Derek Parfit 이야기도 들려줬다. 파핏과 피어스는 둘 다 옥스포드대학교 출신이며 동안에 숱 많은 더벅머리를 하고 상상력이 과하다 싶게 풍부했다.

파핏은 자신의 생각을 표현하기 위해 사고실험을 자주 사용했다. 가상의 시나리오를 통해 정신적 롤러코스터를 체험하게 만드는 방법이다. 파핏의 트릭에 머리가 삐쭉 솟을 정도로 서너 번 당하고 나니 이제는 그냥 어떤 생각이라도 즐길 수 있을 것만 같다. 말이 나왔으니 하는 말인데, 철학을 좀 더 매력적이고 접근하기 쉽게 만들려는 이 시대의 철학자들에게 나는 사고실험을 강력 추천한다.

안전벨트를 꽉 매시라. 파핏이 제시하는 다음 사고실험의 목적은 '개인의 동일성personal identity'이 믿기지 않을 만큼 불안한 개념임을 보여주는 것이다(identity를 '정체성'이라고 번역하는 경우가 많지만 국내 철학 연구자들은 관련 개념을 대부분 '동일성'이라 옮기고 있으므로 이 책에서도 '동일성'으로 옮겼다-옮긴이). 이에 따라 도덕적 책임에 관한 질문도 우리가 생각하는 것보다 훨씬 복잡해진다. 파핏의 사고실험은 다음과 같다.

"버튼이 하나 있는 좁은 칸막이 안에 들어간다고 생각해보자. 이 버튼을 누르면 스캐너가 당신의 뇌와 신체에 있는 모든 세포의 상태를 기록하는 동시에 세포를 파괴해버린다.

이 정보는 광속으로 어느 다른 행성에 전달되어 그곳에서 복제기로 당신과 육체적으로 완전히 동일한 생명체를 만들어 낸다. 이 복제인간의 뇌 역시 당신의 뇌와 완전히 일치해 버튼을 누르던 바로 그 순간까지 당신의 삶을 기억할 것이다. 성격도 당신과 똑같고 다른 모든 부분에서도 당신과 심리적 연속성을 유지할 것이다."

이 새로운 '당신'은 과연 당신일까? 이 복제인간이 화성에서 자신이 당신이라고 생각한다면 그전까지 지구에 살던 당신과는 어떻게 다를까?

철학자들은 정성적qualitative 차이와 수치적numerical 차이를 구분한다. 모델과 색상이 똑같은 차량 두 대는 수치적으로는 다르지만 정성적으로는 동일하다. 반면 슈퍼맨과 클라크 켄트(슈퍼맨이 일반인으로 살 때 이름-옮긴이)는 정성적으로는 다르지만 수치적으로는 동일하다. 동일 인물이지만 성질이 다른 것이다. 점프 한 번으로 고층 건물을 뛰어넘는 슈퍼맨의 능력이 클라크에게는 없다.

이 사고실험에서 등장하는 두 명의 당신은 분명히 수치적으로 다르다고 파핏은 말한다. 지구에 존재하던 당신을 '당신1', 현재 화성에 존재하는 당신을 '당신2'라고 하자. 한번 세어보라. 하나, 둘. 이 두 명의 당신은 같은 모델 같은 색상의 차량과 같다. 그리고 차량의 경우와 마찬가지로 이 수치적 차이는 어떤 정성적 차이도 만들지 않는다. 만일 당신2가 당신1과 외모가 완전히 똑같을 뿐 아니라 DNA까지 동일하다면, 그리고 당신1의 기억과 성격, 특징을 갖고 있기 때문에 자신이 당신1이라고 생각한다면, 당신2는 당신1과 동일하다. 완전히 똑같은 사람인 것이다. 개인의 기억과 성격, 특징은 개인의 동일성을 구성하는 요소의 총합이기 때문이다. 수치적 차이를 빼고 이 두 명의 당신 사이에 무슨 차이가 있는지 생각해보라. 나는 어떤 차이도 생각해낼 수 없다.

개인의 동일성에 대한 이러한 정의는 윤리적으로 곤란한 질문을 야기한다. 누가 누구에 대해 책임을 져야 하는가? 원래 질문으로 돌아가 생각해보면, 누가 누구인가? 하지만 이 매혹적인 질문을 본격적으로 파고들기 전에 파핏이 제안한 스타트렉식 심리 게임을 좀 더 즐겨봤으면 한다. 너무 재미있어서 도저히 지나칠 수 없다.

나는 특히 파핏의 동료 조지 베시George Vesey가 내놓은 다음의 사고실험을 좋아한다.

"브라운과 로빈슨이 있다. 뇌 종양에 걸린 두 사람은 한날 한시에 뇌 적출 수술을 받았다. 그러나 수술 막바지에 수술 보조가 실수로 브라운의 뇌를 로빈슨의 머리 속에, 로빈슨의 뇌를 브라운의 머리 속에 바꿔 넣어버렸다. 둘 중 한 명은 이후 즉사하지만 다른 한 명, 그러니까 로빈슨의 몸에 브라운의 머리가 들어간 쪽은 의식을 되찾는다. 살아남은 쪽을 '브라운슨'이라고 하자. 의식을 되찾은 브라운슨은 자신의 몸을 보고 너무 놀라 경악을 금치 못한다. 그러고는 숨진 브라운의 몸을 보면서 믿을 수 없다는 듯이 "저기 누워 있는 건 나잖아"라고 말한다. 반면 자기 자신을 가리키면서는 "이건 내 몸이 아니야. 저기 있는 게 내 몸이지"라고 말한다. 이름을 물어보자 브라운슨은 곧바로 '브라운'이라고 대답하고 (로빈슨은 한 번도 만나본 적이 없는) 브라운의 아내와 가족을 알아볼 뿐 아니라 지금까지 브라운의 삶을 자신의 삶으로 자세하게 기술할 수 있다. 반면 로빈슨의 지난 삶에 대해서는 아무것도 아는 게 없다. 시간이 지남에 따라 브라운슨은 예전에 브라운이 갖고 있던 성격 특질·행동방식·홍미·취향을 전부 보여주고, 예전의 로빈슨과는 완전히 딴판인 말과 행동이 나타난다."

그러면 대체 누가 수술에서 살아남았으며 누가 사망한 것인가?

파핏은 시간이 지남에 따라 개인의 동일성은 자신이 이름붙인 "심리적 지속성", 곧 어떤 육체를 지니고 있든 간에 브라운을 브라운으로 만드는 현재의 기억·성격 특질·행동방식·홍미 등 모든 것에 수렴한다고 주장한다. 개인의 동일성이란 그게 전부다. 특정한 물질적 대상이나 그 대척점에 있는 영혼 같은 형이상학적 총체가 아닌 것이다.

내가 좋아하는 사르다르Sardar(시크교도를 비하적으로 부르는 말–옮긴이) 관련 농담은 파핏이 말한 '대상으로서의 자아'와 '심리적 지속성으로서의 자아'의 차이를 완벽하게 보여준다(인도 유머에서 사르다르는 어리석을 정도로 고지식한 사람들을 일컫는 대명사다).

한 사르다르가 뭄바이로 기차를 타고 가던 중 잠깐 낮잠을 자고 싶었지만 내릴 역을 놓치고 싶지 않았다. 그래서 같은 칸 승객에게 뭄바이에 거의 다 오면 깨워달라고 부탁하고 그 대가로 100루피를 주겠다고 말했다.

그런데 고작 깨워주는 데 100루피를 받기가 좀 미안했던 이 승객은 뭔가를 더 해줘야겠다고 생각했다. 원래 직업이 이발사였던지라 이 승객은 사르다르가 잠들어 있는 동안에 턱수염까지 깨끗이 면도해줬다.

뭄바이에 거의 다 오자 이발사는 사르다르를 깨우고 약속한 100루피를 받았다. 기차에서 내린 사르다르는 세수를 하러 화장실에 들어갔다가 거울을 보고 격노했다. "그 망할 놈의 자식! 100루피까지 줬는데 애먼 사람을 깨워놨어!"

이 사고실험을 보면 파핏이 부업으로 공상과학 영화 대본을 썼으면 어떨까 하는 생각이 든다. 할리우드 이야기가 나온 김에 파핏의 사고실험 중 내가 가장 좋아하는 이야기를 해보자.

"데릭 파핏을 이루고 있는 분자 하나하나가 점점 변화해 결국 데릭 파핏이 그레타 가르보Greta Garbo(20세기 초를 풍미한 스웨덴 출신 미국 여배우—옮긴이)가 된다고 생각해보자. 이 과정이 시작할 때는 데릭 파핏이 존재했지만 끝날 때는 더는 존재하지 않는다. 데릭 파핏은 사라지고 그레타 가르보가 남는다. 자, 가장 중요한 질문! 대체 정확히 어느 시점에서 '변환'이 일어난 것인가? 데릭 파핏의 존재는 언제 사라졌으며 그레타 가르보는 어느 시점부터 존재하게 됐는가? 잠깐만 생각해봐도 특정한 시점이 답이 될 수 없다는 사실은 명백하다. 이런 점진적 변화 과정에서는 데릭의 존재가 우리가 아는 그 데릭과 조금씩 달라지면서 이 사람이 여전히 데릭이라고 말하는 게 조금씩 '덜 옳은' 상태가 된다. 반면 데릭은 사라지고 이제는 완전히 다른 사람이 등장했다고 말하는 게 조금씩 '더 옳은' 상태가 된다."

이 사고실험에서 파핏이 말하고자 하는 요점은 개인의 동일성이란 '정도의 문제'라는 것이다. '이 사람은 이제 파핏이라기보다는 가르보다'라는 식이다. 이와 마찬가지로 실험이 아닌 실제 삶에서도 과거의 생각과 감정, 경험에 대한 우리의 기억 역시 정도의 문제로, '약하다'와 '강하다'를 양 끝에 두고 척도로 놓을 수 있다. 따라서 개인의 동일성에서 '약한 기억'이 '강한 기억'보다 적은 부분을 차지한다고 말하는 건 합리적인 생각 같다. 신념이나 취향 따위에 대해서도 같은 논리를 적용할 수 있다.

간단히 말해 일반적으로 우리는 동일성이 정적이고 절대적인 상태라고 생각하지만 이는 허상일 뿐이다. 동일성이란 결국 정도의 문제이며 상대적이기 때문이다. 아내가 나한테 "당신은 나랑 결혼한 그 사람이 아니에요"라고 한다면, 파핏은 매우 일리 있는 생각이라고 말할 것이다. 사실 어느 시점에서 내가 '대니얼 클라인이기보다는 그레타 가르보'인 순간을 맞이한다면 아내에게는 나를 떠나도 될 충분한 이유가 생기는 셈이다. 물론 떠나가는 대상이 정확히 '나'는 아니겠지만.

이제 파핏의 명언으로 돌아와보자. "누군가 여러 해 전에 저지른 일에 대해서라면 아주 최근에 저지른 일에 비해 벌을 훨씬 적게 받아도 된다. 어쩌면 아예 벌을 받지 않아도 될지 모른다."

이 말을 풀이해보면 이렇다. 여러 해 전 지금과 매우 달랐던 어떤 사람이 있다고 해보자(여기서는 '랄피'라고 부르기로 한다). 지금의 랄피는 과거에 자신이 형의 사인을 위조해

수표에 서명하고는 이를 갈취한 행위를 전혀 기억하지 못할지도 모른다. 그사이 몇 해 동안 랄피는 정직한 시민으로 거듭났을 수도 있다. 그렇지 않다고 해도 중요한 문제는 아니다. 파핏은 용서하고 잊어주는 그런 유의 도덕을 이야기하려는 게 아니다. 핵심은 시간이 흐르고 자신의 기억과 신념이 점점 희미해지면서 랄피가 '의미 있는 수준으로 과거와는 다른 사람'이 됐다는 것이다. '이전의' 랄피가 몇 년 전에 저지른 일 때문에 '새로운' 랄피에게 벌을 주는 일이 과연 무슨 의미가 있는가? 물론 과거와 현재의 랄피 사이에는 뚜렷한 연관이 있다. 하지만 시간의 흐름과 더불어 이 연관마저 점점 약해져 결국 과거 행동의 대가로 현재의 인물에게 벌을 내리는 것이 별 의미가 없어지는 시점이 온다는 것이다.

이러한 결론은 선뜻 받아들이기 어렵다. 사실 파핏의 추론은 우리의 직관과 완전히 반대여서 늦은 밤에 약에 취해 늘어놓는 헛소리처럼 들리기 십상이다. 나도 처음에 그랬다. 하지만 개인의 동일성에 대해 심리적 연속성 이상의 좀 더 엄격하고 논리적인 개념을 찾아봤으나 쉽지 않았다. 내가 '나'라는 건 사실 대단히 불안하고 까다로운 개념이다.

파핏은 '개인의 동일성'의 본질에 관해 유동적인 입장이었다. 몇 해 전 《이성과 인격Reasons and Persons》을 집필한 후 파핏은 《우리는 인간이 아니다We Are Not Human Beings》라는 도발적인 제목의 에세이를 썼다. 그는 이 글에서 수치적 차이(지구의 '당신1'을 전송해서 탄생한 화성의 '당신2', 기억하는가?)가 어찌 됐든 유의미하다고 주장했다. 그렇다면 이제 문제는 이것이다. 《우리는 인간이 아니다》를 쓴 사람은 《이유와 인격》을 저술한 사람과 동일인인가?

파핏이 평생에 걸쳐 이루려던 궁극적 목표는 윤리학의 논리적 토대를 마련하는 일이었다. 논리법칙과 과학법칙만큼 참이며 정연한 도덕법칙을 찾아내려는 것이다. 그 결과 파핏은 외로운 처지에 놓였다. 지난 몇 세기 동안, 특히 버트런드 러셀이나 앨프리드 줄스 에이어Alfred Jules Ayer 같은 논리실증주의자들이 윤리학의 논리적 토대는 신의 존재(이빨 요정의 존재로 대체해도 무방하다)를 증명할 논리적 토대를 만드는 것만큼이나 불가능하다고 말한 이후, 이 문제는 철학의 주요 관심 분야에서 벗어나 있기 때문이다.

하지만 파핏은 포기하지 않았다. 여러 해에 걸쳐 고군분투한 결과 2011년, 그는 두 권짜리 윤리철학 저서 《주요 논점On What Matters》을 출간했다. 이 책에서 파핏은 '3단 이론triple theory'이라 이름 붙인, 도덕의 논리적·객관적 토대를 만들 목적으로 전통 철학의 주요 윤리들을 결합해 만든 새로운 윤리 이론을 제시했다. 윤리이론은 대립하기보다는 "마치 각자 다른 길로 같은 산을 오르듯" 서로에게 수렴해야 한다고 파핏은 주장했다.

파핏의 3단 이론을 내가 이해하는 건 당연히 무리이며 아마 내 분자적 삶의 남은 기간 동안도 마찬가지일 것이다. 하지만 여러 철학자와 특히 젊은 학자들은 파핏이 윤리학의 혁명을 일으킬 주춧돌을 놓았다고 생각한다.

그 후 파핏은 미국에서의 강의를 앞두고 열정적으로 '주요 논점'을 뒷받침할 증거를 모으다가 쓰러져 병원에 실려갔다. 그리고 '일과성완전기억상실transient global amnesia'이라는 진단을 받았다. 그는 그 뒤로 가끔 걷잡을 수 없이 울음을 터뜨리곤 했다. 72세라는 나이가 되자 자신이 죽기 전에 반박할 수 없을 만큼 완벽한 도덕이론을 만들어내지 못할지도 모른다는 강박에 짓눌려버렸는지도 모른다.

하지만 그 뒤 이렇게 말한 걸 보니 파핏은 죽음을 두려워했던 것이 아니다. "몇 년 후 내가 죽어 있을지도 모른다고 생각해보라. 우울하게 느껴질 수도 있지만 그건 그저 진실일 뿐이다. 일정한 시간이 지나면 어떤 경험과 생각도 뇌와 직접적이고 인과적인 연관을 잃어버릴 것이다. 또는 현재의 경험과 연결이 끊어질 것이다. 그뿐이다. 이렇게 쓰고 나니 내 죽음마저도 사라지는 느낌이다."

내 생각에 파핏도 어쩌면 마음 깊은 곳에서는 개인의 동일성에 관한 자신의 개념과 필멸성에 관한 자신의 멋지고 객관적인 관점을 실은 완전히 납득하지 못했던 것이 아닐까 싶다. 때로 걷잡을 수 없이 눈물을 흘렸던 이유 역시 마찬가지일지도 모르겠다. 그렇다고는 해도 파핏의 대단한 사고실험과 거기서 나오는 질문은 영원히 빛을 발할 것이다.

25

거긴 이제 아무도 안 가.
사람이 너무 많거든

"There is no God and Mary is his mother."

신은 없다. 그리고 성모 마리아는 그의 어머니였다.

— **조지 산타야나** | 미국계 에스파냐인 철학자(1863~1952), (일종의) 미국식 실용주의자

루트비히 비트겐슈타인Ludwig Wittgenstein은 일찍이 이렇게 말했다. "진지하고 멋진 철학적 작품은 농담만으로 작성 가능하다." "진지한"과 "멋진" 같은 수식어가 좀 거슬리긴 하지만 좋은 생각 같다.

하버드대학교 출신의 존경받는 철학자 조지 산타야나는 고금을 통틀어 내가 정말 좋아하는 철학농담꾼philogag 중 한 명이다. 멋진 철학적 농담 대부분이 그러하듯 여기에도 역설paradox이 있다. '그렇다'와 '그렇지 않다'가 동시에 들어 있는 것이다. 신은 없어. 하지만 이보게, 이 존재하지 않는 존재에게는 어머니가 있었다네. 세인트루이스에 있는 한 레스토랑에 관해 요기 베라Yoggi Berra(뉴욕 양키스 출신 유명 야구인. "끝날 때까지 끝난 게 아니다It ain't over till it's over" 같은 명언을 많이 남겼다–옮긴이)가 남긴 유명한 말이 생각난다. "이제 거긴 아무도 안 가. 사람이 너무 많거든."

역설은 언제나 양면적 의미를 동반한다. 우리는 신의 존재를 믿기도 하고 동시에 믿지 않기도 한다. 물론 둘 다 아닐 수도 있다. 양쪽이 서로를 상쇄하기 때문이다. 역설이 전부 농담으로 이해되는 것은 아니지만 직관과 반대되는 부조화 때문에 어쨌든 우리에게 웃음을 준다. 내가 특히 좋아하는 철학자의 역설 중 하나는 버트런드 러셀의 '이발사의 역설'이다. "어느 마을에 이발사라곤 남자 한 명뿐이며 이 사람이 스스로 면도를 하지 않는 마을의 모든 남성들을 면도해준다고 하자. 이 이발사는 면도를 스스로 할까?" 언제 봐도 재미있다.

윌리엄 제임스의 제자 산타야나는 유머가 풍부하기로 유명했다. 또한 자신의 삶과 철학이 서로 영향을 끼친 것으로도 잘 알려져 있다. 철학 속에서 자신은 "일상에서의 자기와 정확히 같은 위치에" 서 있다고 말한 적도 있다. 일상에서 그는 인간의 영성에 대한 믿음과 무신론 사이에서 균형을 잡고자 노력했다. 가톨릭 신자이지만 교회에는 가지 않았던 산타야나는 이렇게 말했다. "가톨릭교회 제도에 대한 내 애정은 자연주의적으로 정당하다. 나는 이것이 자연에 깃든 영혼과의 실제 연결을 진정으로 상징한다고 보기 때문이다."

미묘하다. 내게는 그의 성모 마리아 역설이 훨씬 설득력 있게 다가온다.

26

모든 것은 찰나,
상실은 피할 수 없다

"The soul of the wise dwells in the house of mourning,
but the soul of fools dwells in the house of pleasure."

현자의 영혼은 초상집에 있으나 우매한 자의 영혼은 잔칫집에 있다.

— 《전도서》(구약성경) 7장 4절

철학적으로 사고하면서 '어떻게 살아야 하는가' 하는 문제를 붙들고 씨름하는 이들은 단서라도 얻을 수 있지 않을까 하는 기대를 갖고 성경의 가르침에 몰두하는 경우가 많다. 같은 이유로 《코란Koran》《우파니샤드》《바가바드 기타Bhagavad Gita》《법화경法華經》(마음 편한 저녁 한때 친구들과 어울려 이야기할 주제로 더할 나위 없는) 《주역周易》 같은 경전에 빠져드는 경우도 있다. 혹시 모르지 않나. 어쨌든 수많은 사람이 던진 거대 질문에 해답을 준 경전들이니 무턱대고 무시하기는 어렵다. 게다가 주요 철학자 중 상당수가 자신의 사상 근거를 이것들에서 찾고 있지 않은가. 그러니 그 뒷이야기를 캐기 위해 경전을 파고드는 일은 의미가 크긴 하다.

말은 이렇게 해도 정작 나 자신은 성경 《성문서Hagiographa》(히브리어 성경 구분에서 《시편》《욥기》《잠언》《룻기》《아가》《전도서》《애가》《애스더》《다니엘》《에스라》《느헤미야》《역대기》 부분을 가리킴. 헌신과 사랑을 주제로 한 시와 드라마로 이뤄져 있다-옮긴이) 부분을 펼쳐 전도자가 말하는 온갖 시적 욕설을 읽으면서 영감의 단서는커녕 일말의 위안조차 얻기 힘들다. 특히 전도자가 "헛되고 헛되며, 헛되고 헛되니, 모든 것이 헛되도다!"라고 말하는 부분이 압권이다.

아아!

사람이 하는 행동에는 어떤 지속적 가치도 초월적 가치도 없다고 전도자는 말한다. 삶은 헛되고 공허하며 (말 그대로) 신에 의해 끝난다. 요즘 티셔츠에 인쇄된 전설적 문구 "인생은 구리고 너는 그렇게 살다 죽는다"라는 말의 가장 오래된 원형일지도 모른다.

이 환멸에 가득 찬 전도자가 누구인지 학자들은 아직도 정확히 알지 못한다. 솔로몬 왕이라는 증거가 몇 가지 있지만 전체적으로 황량하고 비관적인 이 전도자의 수사법은 솔로몬 왕의 가르침과 별로 맞지 않는다. 원래 고대 히브리에서 《전도서Ecclesiastes》의 화자를 코헬렛qoheleth이라고 하는데 이후 연설자·설교자·철학자 등으로 다양하게 번역됐다. 어떤 이름이든 간에 대하기 꽤나 버거운 사람이었음은 분명하다.

전도자는 인간의 가치 중 지혜만을 유일하게 인정한다. 의미 없는 삶에서 인간이 지혜로 뭘 해야 하는지는 확실하지 않지만 말이다. 삶이 의미 없다는 생각을 이해하기 위해 필요한 것일지도 모르겠다. 현자의 영혼이 초상집에 있는 것도 아마 그런 이유에서일지 모른다.

하지만 '초상집에서의 지혜'라는 메시지에 내가 깊이 공감하던 때도 있었다. 그때 이 성경 구절을 명언집에 수록했다. 나는 누구를 끔찍하게 잃고 깊은 상심에 잠겨 있었다. 그 당시 나는 종종 마음 깊은 곳으로부터 깨달음을 느꼈다. 마침내 삶의 근본적인 부분, 그러니까 모든 것은 찰나이며 상실은 피할 수 없다는 사실에 직면해 있는 기분이었다. 삶이란 그런 것이다. 평소에 이 불변의 사실을 무시하고 살아가려는 탓에 마침내 이를 받아들였을 때는 진실을 포용하는 달콤한 기분마저 들었다. 그리고 아무리 가슴 아프다 해도 이 진실을 포용하는 순간 정말로 살아 있음을 더욱 실감할 수 있다. 삶에서 겪는 상실은 끔찍하다. 그러나 어쨌든 받아들이고 나아가야 한다.

하지만 때로는(아마도 피상적으로 살아가고 있었을지도 모르는 동안에는) 그와 정반대의 기분을 느꼈다. "결국은 내게 좋을 것이므로 기분 나쁜 일을 겪어야 한다"라는 전도자의 훈계는 완전히 힘 빠지는 말이라고 생각했다. 전도자의 교훈이 스트레스를 주는 이유가 사소하다는 건 인정한다. 어렸을 적에 저녁 먹고 나가서 놀아도 되느냐고 물으면 어머니는 자주 이렇게 말했다. "안 돼, 얘야. 오늘은 벌써 많이 놀았잖니!" 어머니는 너무 많이 놀면 좋지 않다고, 내가 쓸모없어질 거라고 말하고 싶었던 것이리라. 순수한 쾌락의 삶을 꿈꾸는 그대여, 그냥 받아들일지어다!

그리고 초상집 밖에서는 써먹을 수 있는 지혜가 절대 없다고 말하고 싶었던 것이라면 전도자님, 됐거든요. 즐거운 시간이 나를 쓸모없는 사람으로 만든다는 말까지는 견디겠지만 즐거운 시간이 날 바보로 만든다니 정말 기운이 빠진다.

그러나 《전도서》를 계속 읽다 보면 전도자도 죽음보다는 삶이 낫다고 받아들이며 이로 인해 우리는 안도감이 든다. 나아가 전도자는 짧고 의미 없는 지상의 삶도 살아볼 만하다는 걸 암시하는 듯한 말까지 던진다.

《전도서》가 성경을 읽는 사람에게 기운을 북돋우는 것은 분명히 아니다. 나 역시 사는 동안 모든 것이 무의미하다는 느낌에 뒤덮이는 시기를 겪었다. 하지만 그걸 전도자처럼 티 내며 알리고 싶은 적은 전혀 없었다. 딸이나 손녀딸에게 전해주고 싶은 가르침은 아니다.

그리고 내가 최근 얻은 깨달음도 바로 이 점이다. 가장 암울한 순간에 놓여 있다 해도 나의 딸이나 손녀딸의 삶이 무의미하다는 생각은 할 수가 없다. 두 사람은 존재한다는 사실만으로도 내게 큰 의미다. 그렇게 활력 넘치고 아름다운 생명이 어떻게 사소하고 별것 아닐 수 있단 말인가! 괴짜 늙은이의 감성 타령 아니냐고? 맞다. 하지만 전도자 양반, 내 말을 듣고 받아 적으시길.

27

내 믿음은 네 믿음보다 우월하지 않다

"Religion is the one endeavor in which us/them thinking achieves a transcendent significance. If you really believe that calling God by the right name can spell the difference between eternal happiness and eternal suffering, then it becomes quite reasonable to treat heretics and unbelievers rather badly. The stakes of our religious differences are immeasurably higher than those born of mere tribalism, racism, or politics."

종교란 우리와 그들을 편 가르는 사고에 초월적 중요성을 부여해서 나온 결과다. 신의 이름을 올바로 부르면 영원한 행복을, 그러지 않으면 영원한 고통을 얻는다고 진심으로 믿으면 이단과 불신자를 박대하는 것이 합리적이고 당연한 일이 된다. 종교의 차이에서 생기는 위험은 단순한 부족주의, 인종차별, 정치적 갈등 때문에 생기는 위험과 비교할 수 없을 만큼 크다.

– **샘 해리스** | 미국 철학자(1967~), 무신론자

내가 샘 해리스Sam Harris의 대표작 《종교의 종말The End of Faith》을 읽은 것은 세계무역센터 건물이 9·11테러로 무너져버리기 불과 몇 주 전이었다. 그 비극적 사건이 일어나고 나서야 이 글귀를 명언집에 적어넣었다. 해리스의 말이 의심할 여지없이 옳다고 확신했다. 조직화된 종교는 우리 시대의 주요 사회악이다.

샘 해리스, 지금은 세상을 떠난 논쟁가 크리스토퍼 히친스Christopher Hitchens, 현재 활동 중인 영국 철학자 리처드 도킨스Richard Dawkins를 일컬어 누군가는 '무신론 운동의 삼위일체'라고 했다. 해리스와 도킨스는 책을 쓰고 강의를 하고 공개 토론에 참여하면서 끊임없이 종교적 믿음의 비합리성을 역설한다. 이들은 종교야말로 현재 우리가 겪는 사회문제의 주요 원인이며 현재 일어나고 있는 심각한 전쟁들 뒤에는 거의 예외 없이 종교가 도사리고 있다고 생각한다.

해리스는 문제의 근원을 다음과 같이 조롱하며 꼬집는다. "신의 이름을 올바로 부르면 영원한 행복을, 그러지 않으면 영원한 고통을 얻는다." 당신의 믿음체계가 나랑 다르다면 당신은 나의 적이다. 우리 둘 다 옳을 리가 없다. 기본적인 추론 법칙인 '무모순성의 법칙law of noncontradiction'(어떤 것이 참이면서 동시에 거짓일 수는 없다는 것)을 믿음과 그 믿음의 대상에 적용하기 때문이다. 자신의 믿음체계를 대체할 수 있는 모든 다른 믿음체계는 위협이며 삶의 가장 큰 보상인 영원한 행복을 위협하므로 완전히 없애버려야만 한다.

슬프게도 모두 사실이다. 그러나 최근 들어 나는 "종교란 우리와 그들을 편 가르는 사고에 초월적 중요성을 부여해서 나온 결과"라는 해리스의 주장이 편협하다는 생각이 들기 시작했다. 증오를 조장하는 믿음체계는 종교에 국한되지 않는다. 열렬한 민족주의는 전 세계에서 대량 학살을 야기하고 있으며 과거에도 그랬다. 절대적 믿음체계의 산물이라는 점에서 민족주의 역시 '초월적 중요성'을 가진다고 볼 수 있다. 서로 경쟁하는 정치경제 이데올로기 역시 증오와 유혈사태를 부추긴다. 부족주의와 인종주의도 마찬가지다. 나는 끔찍한 일들을 서로 비교해서 어느 쪽이 다른 쪽보다 더 끔찍하다고 주장하는 일이 현명하거나 생산적이라고 생각하지 않는다.

증오를 부추기는 모든 체계에는 한 가지 공통점이 있다. 이를 진심으로 믿는 사람들이 '당신의 믿음체계는 당신을 위해, 내 믿음체계는 나를 위해 움직이니 행복하게 서로 각자의 길을 갑시다'라고 말하지 않는다는 점이다. 믿음체계는 진실해야만 하고 그렇지 않다면 절대적 가치를 가져야 하기 때문에 그들은 믿음체계의 상대성을 받아들이지 못한다. 신은 오직 하나이며 그 이름은 야훼(또는 알라, 비슈누 등등)

다. 그 외의 다른 모든 '신들'은 거짓이다. 전 세계에 경제체계는 단 하나여야 하며 그것이 바로 공산주의(또는 순수 시장자본주의, 공상사회주의 등등)다.

무신론자로 전향하는 사람들이 늘어나면서는 새로운 형태의 종교적 불관용이 힘을 얻고 있다. 무신론자들은 종교 자체를 쓰레기 취급 하면서 때때로 종교 신자들을 인신공격 수준으로 깎아내린다. 최근에 친한 친구 하나가 친척의 정통파 유대교식 결혼식에 참석했는데, 거기서는 전통에 따라 남녀 하객들이 따로 기도하고 춤도 따로 췄다. 친구는 페미니즘 관점에서 기분이 상했고 그 자리에서 반대 입장을 표명했다. 그 관습을 인정할 수 없었기 때문에 자신의 입장을 바로 알려야겠다고 느낀 것이다. 이는 총격을 가하거나 돌을 던진 것까지는 아니지만 편협한 행위가 틀림없다. '내 믿음이 네 믿음보다 우월해'라는 사고와 같기 때문이다.

흔히들 종교는 바보들의 위안이며 '인민의 아편'이라고 주장한다. 스스로 똑똑하고 교육 수준이 높고 공정하고 열린 마음의 소유자라고 믿는 사람들이 종교인들을 가리켜 심리적 필요를 충족하기 위해 자신을 속이는 단순한 족속이라고 곧잘 말한다. 게다가 자신과 함께 있는 다른 사람들도 모두 똑같이 생각할 거라고 믿는다. 간단히 말해 무신론이야말로 '유일한 진짜 종교'라고 당연시하는 것이다. 이런 사람들은 자신의 유일한 진짜 종교를 남에게 강요하는 독선적 복음주의 광신도들만큼이나 짜증스럽다. 나 같은 불가지론자agnostic(인간은 신을 인식할 수 없다는 종교적 인식론. 이 학설에서는 유신론과 무신론을 모두 배격한다 – 옮긴이)들은 그런 의미에서 재미있다.

다행히 해리스는 종교와 신비주의mysticism를 분명하게 구분한다. 종교는 필연적으로 절대주의와 '우리와 그들'을 나누는 양극화로 이어지는 반면 신비주의는 개인적 문제로 존재한다. 비슷한 생각을 하는 사람들과 공유할 필요도, 다른 믿음체계와 비교할 필요도, 다른 사람들에게 알릴 필요도 없다. 무엇보다도 증오와 전쟁으로 이어질 필요가 없다.

그런데 신비주의는 정확히 무엇인가? 간결함의 대가 비트겐슈타인이 이를 아름답게 요약했다. "신비주의는 세계의 이치를 궁금해하지 않고 세계 자체를 궁금해한다."

28

너무 궁금해서 믿게 되는 현상

"A little philosophy inclineth man's mind to atheism, but depth in philosophy bringeth men's minds about to religion."

철학을 얕게 알면 인간의 마음은 무신론으로 향한다. 하지만 철학을 깊이 알면 인간의 마음은 종교로 향한다.

— **프랜시스 베이컨** | 영국 철학자·과학자(1561~1626)

철학의 가장 깊은 곳까지 도달해보지 못한 까닭에 나는 이 문구를 재조명하기에 적당한 사람이 아닐지도 모르겠다. 나는 외연논리학이나 인식론적 맥락주의(이 말들이 무슨 뜻인지 제발 묻지 말아주시길!) 같은 수렁에 빠져 허우적거리기 일쑤인 데다가 폐쇄공포증까지 느낀다. 그렇다고는 해도 프랜시스 베이컨의 이 말을 생각할 때마다 매혹당하는 건 어쩔 수 없다. 게다가 때로는 그가 이렇게 말한 의도를 살짝 알 것도 같다.

아리스토텔레스는 일찍이 "더 많이 알수록 더 모른다는 사실을 알게 된다"라는 유명한 말을 남겼다. 베이컨도 여기서 출발한다. 자신의 앎이 얼마나 부족하며 나아가 알 수 있는 것이 얼마나 한정되어 있는지를 인정하는 일은 우리가 진정으로 눈을 뜨는 계기가 될 수 있다. 세상에는 우리가 알 수 없는 것들이 너무나 많지만 그 때문에 앎에 대한 욕구나 호기심이 줄어들지는 않는다. 알 수 없는 대상에 대한 궁금함은 필연적으로 영적 측면으로 향한다.

내가 베이컨의 말에 담긴 의미를 깨닫는 건 철학에서 '인식론epistemology'이라고 부르는 분야, 다시 말해 지식에 대한 여러 이론을 생각할 때다. 인식론은 우리에게 '과연 무엇을 알 수 있는가?'라는 질문을 던진다. 예를 들어 18세기 영국 경험주의 철학자 조지 버클리는 세계에 관한 우리의 지식은 감각을 통해 오며, 따라서 우리가 얻는 것은 결국 머릿속에 저장한 감각자료라고 주장했다. 우리는 "저기 있는 물건이 의자다"라고 말할 수 없으며 단지 "우리 마음속에 의자라는 물건의 감각자료가 있다"라고 말할 수 있을 뿐이다. 그러므로 그 의자를 우리가 마음속에서 끼워맞추고 '의자'라 부르는 감각 경험 덩어리 이상의 무엇이라고 주장하는 일은 불가능하다. 버클리는 이를 간단명료하면서도 극적으로 요약했다. "존재하는 것은 지각되는 것이다Esse est percipi."

대학 시절 강의시간에 버클리의 이 말을 처음 듣고 기분이 어땠는지 지금도 생생하게 기억난다. 또 시작이군. 무의미한 철학 유희! 아버지 말이 옳았는지도 몰라. 기계공학처럼 뭔가 실용적인 걸 공부해야 하는데. 그럼 적어도 의자는 만들 수 있잖아.

하지만 그날 저녁 강의 노트를 다시 훑어보던 나는 번쩍! 깨달음을 얻었다. 버클리는 유희를 즐긴 게 아니었다. 있는 그대로를 전했을 뿐이다. 어떤 대상의 존재가 바로 지각이다. 끝. 우리는 자신의 감각에서 벗어나 (감각을 사용하지 않는) 다른 방식으로 그 대상이 '거기 있음'을 알 수 없다. 그러므로 어떤 대상이 존재한다고 말하는 것은 몇몇 감각자료가 우리 머리 안에 자리 잡고 있다는 것 이상의 의미가 될 수 없다. 마음이 정말로 움찔할 수 있다면 그때 내 마음이 딱 그랬다.

그러나 그 후 버클리는 나를 실망시켰다. 이 감각자료라는 것이 어디서 오는지를 설명하면서 성공회 주교였던 버클리는 신이 천상에 있는 신성한 메인 컴퓨터에서 감각자료를 만들어낸다고 주장한 것이다. 이 일로 나는 버클리에 대한 흥미를 잃었다. '천상의 그분'에 관한 설명은 내가 종교에 빠지게 하지 못했다.

하지만 버클리는 나를 공상에는 빠지게 했다. 내가 가진 것이 감각자료뿐이라면 내가 존재한다고 믿는 사물은 나의 감각기관에 의해 제한되는지도 모른다(내가 공상 중이었음을 기억하라). 그러니 내게 육감六感이라는 게 있다면 내게 존재하는 사물이 늘어날 것이다. 신과 같은 무언가, 예를 들자면 신 말이다. 완전히 새로운 차원이 열릴지도 모른다. 그렇게 생각하니 갑자기 내 마음이 적어도 종교 언저리까지는 끌렸다. 요가나 향정신성 약물 등을 통해 종교적 경험을 해본 사람들도 이와 같은 말을 한다. 내면에 새로운 감각이 열리고 이를 통해 새로운 어떤 존재가 느껴지는데 그중 일부는 성스러워 보였다고 말이다.

친구 톰에게 베이컨의 말을 어떻게 생각하느냐고 물어봤다. 신학교에서 여러 해를 보냈지만 톰은 그 말이 용납 가능한 수준을 넘어섰다고 말했다. 하지만 언제나처럼 그에 관해 흥미로운 생각 몇 가지를 갖고 있었다.

"우선, 만일 네가 모든 것을 엄격하고 이성적인 잣대로 따지는 회의적 철학자라면 신은 그 기준을 통과하지 못하는 여러 가지 중 하나일 뿐이야. 극단적으로 의심하는 철학자라면 그의 탁자에는 감각자료와 논리법칙만 남겠지. 정확하게는 우리가 '탁자'라 부르는 감각자료의 구성 말이야. 하지만 그것뿐이야. 모든 도덕원칙도 신과 함께 사라지지. 어떤 행위가 선한지 악한지 증명할 이성적 방법은 없으니까. 따라서 도덕도 탁자에서 사라져. 결국 선악에 대한 믿음은 신념의 영역이지. 어떤 이들이 자신의 믿음을 신에게 두는 것처럼 말이야. 그러므로 여기서 질문은, 우리는 신에 대한 믿음과 더불어 도덕에 대한 믿음도 던져버릴 수 있는가? 두 가지 다 비이성적이긴 마찬가지니까. 만약 그럴 수 없다면, 그러니까 신념을 단념하는 데 도덕원칙을 예외로 두기로 한다면 신의 존재는 대체 왜 예외로 두지 않는 걸까?

그게 아니면 베이컨은 결국 철학은 삶이 어리석고 무의미하다는 결론으로 우리를 이끈다고 주장하는 것이었는지도 몰라. 어쨌든 무언가가 가치 있다고 증명해내지 못한다면 삶 자체에 어떤 가치가 있다고 주장하는 것도 불가능해. 이런 점에서 키르케고르 같은 철학자가 '의미 없는 삶은 살 수 없으니 엄격한 합리성 따위는 엿이나 먹으라지'라고 말하는 거고. 키르케고르는 비합리적인 신을 믿는 것을 시작으로 삶에 스스로 의미를 부여하기로 결정하지 않았나. 비합리적 방식으로 믿음에 투신한 거지."

나는 아직도 이 부분에 열린 마음을 유지하려 애쓰지만 이미 나이를 먹을 만큼 먹은 데다 언젠가 한 친구가 했던 말을 빌리자면 "불가지론자가 죽으면 거대한 불확실의 천국으로 간다지 않나".

냉소적인 너마저!

"I saw a Divine Being. I'm afraid I'm going to have to revise all my various books and opinions."

절대자를 보았다. 내 저작과 견해 모두를 고쳐야 할 것 같다.

— **앨프리드 줄스 에이어** | 영국 철학자(1910~1989), 논리실증주의자

1988년 어느 날 런던에 사는 친구가 보내준 신문기사를 보고 두 눈을 의심했다. 실증주의자에게는 심각한 문제 아닌가. 에이어는 철학사에서 가장 회의적인 인식론자 중 하나였다. 대체 무슨 일이 벌어진 거지?

스무 살 때 에이어의 대표작《언어, 논리, 진리Language, Truth and Logic》를 읽고 너무나 압도당한 나머지 그날 밤 침대에서 태아처럼 웅크리고 잠들었다. 내가 알고 있다고 생각한 거의 모든 것을, 그것도 모자라 내가 알아낼 수도 있다고 생각하던 것들을 에이어는 하나하나 체계적으로 산산조각 내놓았다. 망할 인간 같으니.

그는 명징한 문장으로 논리실증주의의 원리를 풀어내며 소통 가능한 의미 있는 주제의 한계가 어디까지인지 입증했다. 에이어에 따르면 명백한 것은 '참인가 거짓인가'가 전부다. 논리와 수학의 명제는 분석으로 증명 또는 기각이 가능해 이 기준을 충족한다. "2 더하기 2는 4야?" "맞아. 계산할 수 있어." 그리고 실제 세계에서 존재와 소유, 사물의 운동에 대한 실증적 명제는 관찰로 증명 또는 기각할 수 있어 이것도 의미가 있다. "저기 있는 게 사과 나무야?" "응, 자세히 살펴보니 사과가 달려 있는 나무로군."

하지만 확실한 지식의 한계라는 것은 여기까지다.

무엇이 선과 악이고 미와 추인지, 무엇이 가치 있으며 무

가치한지에 대해 유의미한 명제를 만드는 일 따위는 잊어라. 이런 명제가 참인지 거짓인지 검증할 방법이 없다. 따라서 음, 가치가 없다. 이성적 담론의 관점에서 보자면 그렇다. 에이어에 따르면 무엇이 "나쁘다"고 말하는 것은, 예를 들어 "누군가의 머리를 때리는 건 나쁘다"라고 말하는 것은 누가 실제로 당신의 머리를 때릴 때 "악" 소리를 내는 것 이상의 의미가 없다. 둘 다 증명이 불가능하며 화자의 느낌을 표현하는 것일 뿐이다. 〈모나리자Monna Lisa〉가 걸작이라고 말하는 것도 마찬가지다. '인생은 의미 있다'라는 명제도 당연히 무의미하다. 이 역시 증명하거나 기각할 방법이 없기 때문이다.

철학에서 유의미하게 다룰 수 있는 주제가 갑자기 볼링 핀마냥 와르르 무너진다. 이런, 윤리학과 미학도 저기 같이 무너지는군. 아, 신이시여. 철학자들이 지난 몇천 년간 논쟁했던 각종 형이상학적 주제들과 함께 종교와 신학도 무너집니다. 전 세계 철학자와 철학 전공생들이 모두 태아처럼 웅크리고 누워 "그게 전부인가?"라며 신음했지만 끝내 논리실증주의에 대항할 논리적 주장을 만들어내지 못했다. 우리에겐 이처럼 어수선하고 형체 없는 감정이 남았지만, 그것만 가지고는 엄밀한 철학을 만들 수 없다.

앨프리드 줄스 에이어(친구들은 그를 프레디라고 불렀다)는 학문적으로는 이토록 냉소적이었지만 인간적으로는 상냥하고 사교적이었다. 전형적인 공부벌레 학자이면서도 여자들에게 꽤 인기가 좋았다. 세련된 영국 숙녀 세 명과 네 번 결혼했고(그중 한 명과 두 번 결혼했다) 매혹적인 외모의 할리우드 가십 칼럼니스트 실라 그레이엄Sheilah Graham과도 스캔들이 있었으며 둘 사이에 딸도 한 명 있었다. 공교롭게 그 자신이 신문 가십란을 장식한 적도 있다. 그것도 무려 77살 나이에. 뉴욕 맨해튼에서 열린 한 칵테일 파티에서 마이크 타이슨Mike Tyson과 말다툼을 벌인 것이다. 전하는 이야기에 따르면, 에이어가 디자이너와 모델 몇 명과 담소를 나누고 있는데 누군가 자신의 친구가 침실에서 폭행당하고 있다고 소리쳤다. 에이어가 곧바로 침실로 뛰어들어가니 타이슨이 당시에는 무명이던 슈퍼모델 나오미 캠벨Naomi Campbell을 겁탈하려 하고 있었다. 에이어는 타이슨에게 말했다. "당장 그만두지 못해!"

타이슨이 대답했다. "내가 누군지 알기나 해? 세계 헤비급 챔피언이라고!"

에이어는 이렇게 응수했다. "나는 전직 논리학 위컴Wykeham 교수라네[옥스포드대학교 3개 분야(논리학, 고대사, 물리학) 법정 교수직을 가리킨다. 옥스포드대학교를 설립한 위컴의 윌리엄

William of Wykeham을 기리는 의미로 제정했다-옮긴이]. 둘 다 각자 분야에서 출중하니 이성적인 인간답게 한번 이야기해보는 게 어떻겠나."

목격자들에 따르면 에이어와 타이슨은 몇 가지 윤리적 주제에 관해 이야기를 나눴고, 이 틈을 타 캠벨은 자리를 빠져나왔다고 한다.

에이어는 대중의 관심을 즐겼으며 종종 BBC 방송에 출연해 이른바 지식인들이 갖고 있는 어리석은 믿음에 관해 피력했다. 신과 사후세계에 대한 믿음 같은 것 말이다. 영국에서 에이어는 무신론의 수장으로 통했다. 본인은 자신을 '완전무신주의자igtheist', 곧 '신'이라는 관념 자체가 완전히 무의미하다고 보는 사람으로 부르는 걸 더 좋아했지만 말이다. 라디오와 텔레비전 토론에 여러 차례 참여해 저명한 대주교나 신학자들과 논쟁을 벌였으며, 박식하기로 이름 높던 예수회 신부 프레더릭 코플스턴Frederick Copleston을 꼼짝 못하게 압도한 일은 유명하다(프레더릭 코플스턴이라는 이름을 잘 기억해두시라).

《언어, 논리, 진리》를 처음 읽은 지 25년이 지났다. 에이어의 성역 없는 회의주의는 더는 나를 의기소침하게 만들지 않지만 여전히 오싹한 느낌을 준다. 타이슨 사건이 터졌을 즈음 나는 우연히 《런던옵서버London Observer》에 실린 에이어의 인터뷰를 봤다. "평생을 삶을 이성적으로 만드는 일에 바쳐 왔지만 모두 쓸모없는 노력이었던 것 같다."

프레디, 이번엔 또 뭐지?

멍하니 있다 뒤통수를 맞은 에이어의 동료들은 그가 진심으로 자신의 평생 업적을 폄하한 것이 아니며, 인생에는 철학이 다룰 수 있는 주제 말고도 여러 가지가 있다는 뜻으로 한 이야기라고 주장했다. 예를 들자면 아마도 감정, 그러니까 여자를 강간하려는 남자를 보고 느끼는 정의로운 분노 따위를 말하는 것일 테다.

《런던옵서버》 인터뷰 이후 1년도 지나지 않아 에이어는 생사의 기로에 서는 경험을 한다. 그 후 에이어는 "생각 없이 식도에 밀어넣은" 참치 덩어리에 관해 글을 썼다. 〈내가 죽음에서 목도한 것은What I Saw When I Was Dead〉이라는 제목으로 자신의 임사체험을 자세히 서술한 이 글은 초자연적 스릴러물 영화 각본으로 써도 손색없을 만큼 멋지다. 몇몇 주요 부분을 보면 다음과 같다.

"가장 특별한 경험이었다. 내 생각 하나하나가 사람 한 명 한 명으로 변한 느낌이었다."

이런 것도 있다.

"빨간 빛 하나가 눈앞에서 반짝였다. (…) 이 빛이 우주 정부를 책임진다는 것을 깨달았다. 그 정부에는 장관들이 있었는데 그중 두 명은 공간을 관장하는 임무를 맡고 있었다. (…) 엉망으로 맞춘 직소퍼즐 같은 그 공간은 약간 뒤죽박죽이었다. (…) 그래서 자연법칙이 원래대로 작용할 수 없었다."

그러자 시공연속체time-space continuum의 시간 부분을 어떻게든 수리해서 모든 걸 바로잡는 것이 자신의 임무임을 깨달았다고 에이어는 말한다. 간단히 말해 에이어가 무슨 말을 하는지 이해하려면 그곳에 직접 가보는 수밖에 없으며 어쨌든 자신은 분명히 거기 있었다는 것이다.

이 이야기가 철학계의 공분을 불러일으킨 것도 이해할 만하다. 이 늙은 논리학자가 치매라도 걸린 걸까? 유한한 삶을 지닌 많은 인간에게 흔히 나타나는 증상처럼 죽음이 임박했다는 생각에 사고가 흐려진 것일까? 정작 자신은 사후세계 체험이 "죽음 후의 삶은 존재하지 않는다는 믿음이 아니라, 그러한 믿음에 대해 내가 가졌던 완강한 태도를 약하게 만들었다"며 한 발짝 물러났다. "잠깐 생각할 시간을 갖고 있다"라는 말의 철학 버전이라고 보면 되겠다.

하지만 이 이야기에서 내 느낌이 향하는 쪽은 '기적'이다. 영적 기적. 에이어와 절친했던 BBC 기자 피터 포지스Peter Foges는 임사체험 때 그 자리에 있었던 외과의사 제러미 조지Jeremy George를 인터뷰하고 나서 다음과 같이 보도했다. "조지

박사는 [에이어가] 분명히 '절대자divine being'라고 말했다고 했다. '그는 나를 신뢰하고 있었으며 그때 무신론자인 자신을 동요시킬 수 있는 일이라 조금 당황했던 것 같다. 하지만 에이어의 말투는 확신에 차 있었다. 신, 창조주, 자신이 신이라고 부를 만한 무언가와 맞대면했다고 생각한 것 같다.'"

이 무신론계의 수장은 이후 공식적으로 자신의 사후세계 체험을 계속 평가절하했지만 개인적으로는 확실히 변했다고 포지스는 전한다. "'죽음을 경험한 이후 에이어는 더 괜찮은 사람으로 바뀌었다'라고 디 웰스Dee Wells(에이어의 전처)는 냉소적으로 말했다. '자기 자랑도 훨씬 줄어들었고, 다른 사람들에게도 관심이란 걸 가졌죠.' (…) 또한 웰스 여사는 삶이 점점 쇠해가면서 에이어가 적잖은 시간을 예전 BBC 토론 논쟁 상대였던 프레더릭 코플스턴 신부와 함께 보내고 있는 걸 알아챘다. 그전까지 두 사람은 그리 가까운 사이가 아니었다. 에이어가 코플스턴 신부의 강철 같은 정신을 마지못해 존중하긴 했지만 말이다. (…) 그런데도 에이어는 생애 마지막 몇 년 동안 그와 친구로 지내면서 서로가 알고 있는 것에 관해 이야기하고 논쟁을 벌였다. 런던 개릭클럽 가장 어둡고 깊숙한 구석에 두 사람이 같이 앉아 있는 모습은 분명히 이상해 보였을 것이다. 코플스턴 신부는 죽으면 화장을 하겠다는 세속적이기 그지없는 에이어의 선택에도 축복을 보냈다. 웰스 여사는 말했다. '마지막 순간까지 그분은 프레디의 가장 가까운 벗이었어요. 참 별난 일이었죠.'"

프랜시스 베이컨이 어쩌면 잘못 생각한 것인지도 모르겠다. 적어도 에이어는 철학을 깊이 공부한 결과로 종교의 의미를 발견한 것이 아니라, 몇 가지 영적 순간을 철학자처럼 생각하지 않음으로써 그 의미를 발견했으니 말이다.

불가지론자로서 나는 언젠가 어떤 식으로든 절대자의 존재를 발견할 수 있기를 아직도 소망하기 때문에 그런 일이 이 똑똑하고 회의적인 철학자에게 일어났다는 사실에서 위안을 얻을 수밖에 없다. 나는 지금까지 지켜온 '완강한 의심'을 누그러뜨릴 준비가 언제나 돼 있다.

30

종교라는 공포

"It isn't just that I don't believe in God and, naturally, hope that I'm right in my belief. It's that I hope there is no God! I don't want there to be a God; I don't want the universe to be like that."

그저 신을 믿지 않고 내 믿음이 옳기를 소망하는 게 아니다. 나는 신이 없기를 소망한다! 신이 존재하지 않기를, 우주가 그렇지 않기를 바란다.

— **토머스 네이글** | 미국 철학자 (1937~), 윤리학자, 사회철학자

단순히 무신론을 포용할 뿐 아니라 무신론이 옳다고 밝혀지면 크게 안도할 사람이라니 뭔가 신선한 느낌이 든다. 토머스 네이글은 신이 실제로 존재한다고 밝혀지면 안도할 우리 불가지론자들과 정반대에 서는 인물이다. 사실 이것은 불가지론자 대부분이 갖는 가장 큰 희망이자 작고 부끄러운 비밀 아니던가. 게다가 우리는 항상 관망만 하는 데 질릴 대로 질리지 않았는가. 신이 없다는 증거라도 나오길 바라는 쪽이 부담이 훨씬 덜하다. 그래서 나는 명언집에 네이글의 문구를 적어넣었다. 믿음에 대해 계속 생각하면서도 실제로 믿음을 경험해보지 못하면 그로 인해 치러야 하는 대가가 클지도 모른다. 나는 믿음에 대한 네이글의 태도가 대안이 될 수 있을지 생각해보고 싶었다.

네이글의 주장은 자신이 "종교에 대한 공포"라고 부르는 부분에서 시작하는데 네이글은 스스로 이 공포에 익숙하다고 말한다. 따라서 종교가 사회를 타락시킬 수 있으며 다른 믿음을 가진 사람을 증오하게 만들어 결국 서로를 죽이게 만든다는 의미의 신무신론자new atheist[21세기에 잇달아 출간된 무신론 관련 저서의 저자들(샘 해리스, 리처드 도킨스, 크리스토퍼 히친스)을 통칭해 부르는 이름-옮긴이]들이 말하는 공포와는 다르다. 물론 그런 공포가 있을 수도 있지만 네이글이 가리키는 것은 좀 더 근본적인 인간의 기본 조건이다. 그는 우리가 기본적으로 종교가 사실일지도 모른다는 생각을 두려워한다고 주장한다.

어째서? 종교가 사실이라는 게 뭐가 두렵단 말인가?

네이글은 "종교에 대한 공포는 신의 존재에 대한 개인적인 믿음을 뛰어넘어, 우주 질서 속에서 마음이 환원 불가능하며 필연적 부분이 된다는 공포까지 포함하는 것일지도 모른다"라고 말한다. '필연적이며 환원 불가능하다'는 말은 마음이 멋대로 날뛰는 원자 같은 것으로 환원될 수 없다는 뜻이 아니라, 마음이 우주 질서 속에서 개개인을 구성하는 독특하고 독립적인 요소가 된다는 뜻이다. 이 시나리오가 두려운 이유는 이렇게 되면 마음은커녕 우주 질서를 이해하는 일 자체가 불가능해지기 때문이다. 이 무한한 우주 질서를 이해할 수 없게 되는 이유는 우리가 우주의 유한한 부분이기 때문이다. 네이글의 말을 빌리면 이렇다. "해답을 상상할 수 없는 의문 하나가 우리에게 남겨진다. '인간처럼 유한한 존재가 어떻게 무한한 사고를 할 수 있겠는가?'"

네이글은 우리가 설령 우주에 어떠한 질서, 다시 말해 일종의 작동원리나 설계가 분명히 존재한다는 것을 알게 돼도 동시에 우리가 그게 무엇인지 파악할 수 없을 것이라는 사실 역시 깨닫고 좌절감에 사로잡힐 것이라고 말한다.

이 시점에서 나는 네이글에게 실망감이 든다. 사실 나는 만약 내게 제대로 된 믿음이 생긴다면 키르케고르처럼 '믿음으로의 투신'이 가능할까를 생각하며 시간을 보내곤 한다. 그리고 유한한 마음이 무한한 우주의 질서를 온전히 이해하는 일이 불가능할지도 모른다는 사실도 이해한다. 그러나 그런 추상적인 이해만으로는 진정한 충격을 받지 못한다. 너무 멀고 성급해서 내면 깊숙이 와닿기엔 턱도 없다. 이런 일로 낙담할 사람이라곤 네이글처럼 난해한 생각에 깊이 빠진 철학자밖에 없을 것이다. 폴은 젊어서 세상을 떠났는데 왜 성질 더러운 프랭크는 나이 여든에도 아직 정정한가? 우리 대부분은 이런 일상의 수수께끼와 불가사의만으로도 충분하다. 이런 생각은 당황스럽고 난처하긴 하지만 내 이해력의 타고난 한계를 한탄하며 울부짖게 만들지는 않는다. 단지 삶의 불공평함이 슬플 뿐이다.

네이글의 논점으로 돌아가보자. 나는 어떤 의미 있는 우주 질서가 존재하는지 모른다는 사실과 더불어 살아가며 (아무도 모르지만) 그로 인해 계속 좌절한다. 하지만 우주는 거대한 계획에 따라 움직이고 내가 그걸 이해할 수는 없다는 사실이 왜 그렇게 절망적이어야 하는지 이해가 가지 않는다. 어느 쪽이든 나는 우주의 어둠 속에 빠져 있는 것이다.

후기: "신이 없기를 소망한다"가 등장하는 글의 앞머리에

서 네이글은 "내가 아는 가장 지적이고 견문 넓은 이들 중 몇몇이 종교 신자라는 사실이 나는 불편하다"라고 말했다.

내가 아는 똑똑하고 박식한 이들 역시 종교를 믿는 경우가 많다. 회의론자들이 사실은 반대로 이해하고 있는 게 아닌가 때로는 궁금하다. 말인즉 아마도 나는 신자가 될 정도로 충분히 현명하지 못한가 보다.

31

눈물이 완전히 씻겨나가다

"On this mountain the Lord Almighty will prepare
a feast of rich food for all peoples, a banquet of aged wine—
the best of meats and the finest of wines.
On this mountain he will destroy the shroud that enfolds all peoples,
the sheet that covers all nations; he will swallow up death forever.
The Sovereign Lord will wipe away the tears
from all faces; he will remove his people's disgrace
from all the earth. The Lord has spoken."

이 산에서 만군의 여호와께서는 만민을 위해 기름진 음식과 숙성된 포도주로 연회를 베푸시리니 그곳에 최고의 음식과 포도주가 있을 것이라.
또한 이 산에서 모든 민족의 얼굴을 가린 가리개와 온 세계를 덮은 천을 걷으시며 사망을 영원히 멸하시리라. 주 여호와께서 모든 얼굴에서 눈물을 씻기고 자기 백성의 수치를 온 천하에서 없애시리라. 여호와께서 이같이 말씀하셨느니.

– 《이사야서》 25장 6~8절(구약성경)

내가 살면서 만난 가장 지적이고 박식한 신자들 중 하나는 지금은 세상을 떠난 개신교 목사이자 구약성경 학자였던 내 장인 얀 부이스트Jan Vuijst다. 네덜란드에서 처음 만났을 때 그는 사위 후보가 유대인이면서도 히브리어 구약성경을 읽지 못한다는 사실을 알고 실망했다. 더 크게 실망할까 봐 실은 영어 구약성경조차 거의 읽어본 적이 없다는 말은 차마 할 수 없었다.

이런 나에게도 구약성경의 이 구절은 특별한 울림을 준다. 사랑하고 존경하는 장인과의 추억을 담고 있기 때문이다.

최근 네덜란드에서 열린 장인의 추도식에서 한 목사가 장인이 이 구절을 설교하던 장면을 회상했다.

"학생 때 들었던 설교는 대부분 기억나지 않습니다. 하지만 얀 부이스트 목사님의 《이사야서Isaiah》 구절 설교와 그 후의 대화는 아직도 기억합니다. 그 자리에 모인 신도 중 한 명이 이렇게 물었죠. '목사님, 산상에 모두 함께 앉아서 먹고 마시는 게 우리가 기대할 수 있는 전부입니까?' 난 이렇게 생각했습니다. 아, 이런. 대체 목사님은 어떻게 대답하실까? 목사님은 이렇게 말씀하셨죠. '예, 그게 전부입니다. 모든 이를 위해 하느님이 여신 평화롭고 충족한 연회. 더 필요한 게 있나요?'"

장인과 나의 감정적 유대와는 별개로 이 대답은 분명히 어떤 의미가 있다.

나는 최근에야 이해했는데, 교양 있는 신자들이 성경을 이야기하는 이유는 영적 사상과 현상을 표현하는 데 성경 구절만한 것이 없다고 생각하기 때문이다. 물론 그들은 애석하게도 성경 구절이 그러한 목적에 부적절하며, 자신이 이해하고 소통하고자 하는 바를 엇비슷하게 보여줄 뿐이라는 사실을 누구보다 먼저 인정한다. 바로 앞 명언에 등장하는 네이글과 마찬가지로 이들 또한 유한한 인간의 마음으로 무한한 세계를 이해하고 표현하기란 불가능하다는 사실을 안다. 네이글과 차이점이 있다면 그럼에도 이들은 최선을 다해 시도한다는 데 있다. 그리고 이를 위해 성경을 사용한다. 따라서 이들이 《이사야서》에서 구절을 인용한다면 특별한 은유로 사용하는 것이다.

이에 관해 현대 철학자 상당수는 가당치도 않은 행동이라고 말할 것이다. 초월적이고 무한한 세계를 조명하는 데에 그 안에 있는 유한한 세계에서 나온 은유를 쓸 수는 없다. 유한과 무한 사이에는 연결할 수 없는 단절이 존재하므로 은유적이든 아니든 의미를 지닌 어떤 것도 말할 수 없다.

이 점은 나도 잘 알고 있다. 그럼에도 가끔은 성경의 은유가 의미하는 바를 이해해보려 애쓴다.

구약에 등장하는 주요 선지자 중 한 명인 이사야는 곧 다가올 메시아의 시대에 관해 설교했으며 기독교 신학에서 중요한 위치를 점한다. 많은 기독교 사상가는 예수가 출현했는데도 진정한 메시아의 시대는 아직 도래하지 않았다고 생각한다. 우선 메시아의 시대가 이미 왔다면 세계가 여전히 이렇게 혼란스럽지는 않을 것이다. 메시아의 시대는 이 세계에 아예 오지 않을 것이므로 우리가 일반적으로 생각하는 미래의 일이 아니라고 믿는 사상가도 있다. 다시 말해 '다음 주 화요일'이나 '컴퓨터가 머지않아 세상을 지배할 때' 같은 미래에 일어날 일이 아니라는 것이다. 메시아의 시대란 훨씬 더 추상적이며 우리가 알고 있는 시공간을 넘어서는 개념이다. 내 장인이 바로 그렇게 생각했다.

장인이 설교 중에 산상에 둘러앉아 하느님과 함께 먹고 마시며 즐기는 게 최선의 일이며 '우리가 바랄 수 있는 전부'라고 대답했을 때 그 말은 이런 의미였을 것이다. '아시다시피 이 말은 그 자체로는 표현 불가능한 일에 대한 은유일 뿐입니다. 하지만 굉장히 멋들어진 은유죠. 사랑하는 사람들과 식탁에 나란히 둘러앉은, 인생에서 그리 흔치 않은 순간을 생각해보십시오. 그 순간 느껴지는 평화로움과 따사로운 애정을 말입니다. 성스러운 무엇이 우리와 함께하는 듯한 기분이 들지 않습니까.'

3년 전, 한밤중에 복부를 찌르는 듯한 통증을 느껴 근처 병원 응급실로 실려간 일이 있다. 정밀 검사 결과 맹장이 터지기 직전이어서 수술을 받기 위해 인근 도시에 있는 다른 병원으로 옮겨야 했다. 아내가 직접 차를 몰았다. 검사실로 들어간 순간 나는 의식을 잃었다.

갑자기 나는 어느 날씨 좋은 날 바깥에 서 있었다. 내 양쪽으로 몇몇 사람이 아무 말 없이 서 있었다. 놀랍도록 평화로웠다.

그때 마치 영화에서처럼 사람들이 내 이름을 소리쳐 불렀다. 그들은 내 눈꺼풀을 걷어올리고 플래시를 눈에 비춰댔다. 정말이지 마지못해 눈을 떴다. 의사들과 아내가 나를 내려다보고 있었다. 그 순간 나는 바깥에 있던 그 평온한 장면으로 돌아가고 싶었다.

이게 정말 임사체험이었는지는 매우 의심스럽다. 그렇게 복잡하지도, 참치 덩어리가 목에 걸린 에이어 교수가 경험한 것처럼 놀라울 정도로 난해하지도 않았다. 어떤 신도 나타나지 않았다. 그러나 그때 느낀 단순하기 그지없는 평화로움은 여전히 기억에 선명하다. 그 짧은 한순간 내 얼굴에서 눈물이 완전히 씻겨나가 있었다.

32

삶은 이미 기적이다

"When I consider the short duration of my life, swallowed up in the eternity before and after, the little space which I fill, and even can see, engulfed in the infinite immensity of spaces of which I am ignorant, and which know me not, I am frightened, and am astonished at being here rather than there; for there is no reason why here rather than there, why now rather than then. Who has put me here? By whose order and direction have this place and time been allotted to me?"

내 짧은 삶이 영원의 전후에 놓여 삼켜진다고 생각하면, 내가 차지하고 있으며 심지어 볼 수도 있는 조그만 공간이 내가 알지 못하고 나를 알지 못하는 끝없이 광대한 공간에 둘러싸여 있다고 생각하면, 두려워지는 동시에 다른 곳이 아닌 바로 이곳에 내가 있다는 사실에 놀란다. 거기가 아닌 이곳, 그때가 아니라 지금이어야 할 이유가 없기 때문이다. 누가 나를 여기에 놓았는가? 누구의 명령과 지시로 나에게 이 장소, 이 시간이 주어졌는가?

– **블레즈 파스칼** | 프랑스 수학자·철학자 (1623~1662), 합리주의자, 기독교 신자

참으로 놀랍지 않은가! 내 삶 이전에도 이후에도 영원이 있다. 어떻게 여태 이 생각을 못했단 말인가? 대부분 사람들은 죽음을 두려워하면서도 이 특별한 영원성에 대해서는 신경 쓰지 않는다. 나는 진심으로 삶을 계속하기를 갈망하지만 내가 태어나기 전에 있던 영원을 놓쳤다는 사실에 대해서는 조금도 걱정하지 않는다. '이전의' 영원을 두려움 없이 대면할 수 있는 건 단순히 상상력이 부족해서일까?

이 의문 때문에 나는 이 문구를 명언집에 남기기로 했다.

하지만 시대의 천재로 칭송받던(17세기 중엽 최초의 계산기를 발명했다) 블레즈 파스칼Blaise Pascal은 저작 《팡세Pensées》에 등장하는 이 문구에서 삶의 전후에 존재하는 영원이라는 현상 너머까지 상상을 펼친다. 시공간을 놓고 환상적인 사고실험을 수행하는 것이다. 왜 나는 다른 때가 아닌 바로 지금 존재하는가? 왜 다른 곳이 아닌 바로 여기 있는가?

정말로 왜일까? 지금 여기에 있는 나의 존재는 자연적 사건으로 이미 결정된 것인가? 신의 설계로? 아니면 철저히 임의적으로 아무런 목적도 없이?

유명한 '파스칼의 내기'에서 그는 인간이 할 수 있는 최고의 도박은 신을 믿는 쪽에 거는 것이라고 주장했다. 믿음이 옳아서 신이 있다고 밝혀진다면 전부를 얻는다. 믿음이 틀릴 경우 약간의 기도와 신앙 빼고는 잃는 게 없다. 나는 불가지론자라 내기에 낄 수 있는지 모르겠지만 파스칼의 내기가 신의 영역에 매우 영적으로 접근하는 것 같지는 않다.

《팡세》에서 파스칼은 또 이렇게 말했다. "만약 신성神性의 신호를 보지 못한다면 나는 미심쩍어하며 생각을 고쳐먹을 것이다. 온 세상에 창조주의 흔적이 보인다면 안심하고 다시 믿음을 택할 것이다. 하지만 그 흔적이 신을 부정할 수 없을 만큼 많으나 내가 확신하기엔 부족한 정도라면 이러지도 저러지도 못하게 된다. 그럼 신이 자연을 유지한다면 그 존재를 애매모호하지 않게 내보여달라고 수백 번 기도할 것이다."

여전히 믿음의 문제로 씨름하며 최선의 결과를 희망하는 나로서는 충분히 이해가 간다. 하지만 아무래도 이 말은 종교를 변호하는 사람보다는 불가지론으로 갈등하는 사람의 말처럼 들린다.

그러나 결국 파스칼은 신뿐 아니라 성서의 계시까지 믿었다. 내 생각에 그 믿음의 근본은 특정한 때 특정한 장소에 임의로 자신이 존재한다는 사실에 대한 놀라움이 아니었을까 싶다. 이러한 임의성이 삶에 목적이 없다는 뜻은 아니겠지만 삶 하나하나가 일종의 기적이라는 뜻은 될 수 있지 않을까.

"내가 알지 못하는 끝없이 광대한 공간에 둘러싸여" 있다는 사실이 두렵고도 놀랍다고 파스칼은 말했다. 난 그중에서도 "놀란다"라는 부분에 흥미가 간다. 존재가 임의적이라는 바로 그 이유 때문에 이 특정한 역사적 순간과 장소에 지금 내가 있다는 사실에 나는 놀란다. 임의적 우주에서는 다른 순간 또는 다른 장소에 존재하는 게 어렵지 않다. 무수한 대체 가능한 시간과 장소에 말이다. 또는 어떤 장소, 어떤 시간에도 존재하지 않을 수 있다. 그러나 지금 이곳이 나 개인의 시간과 장소가 된 것이다. 사실 나도 때로는 지금 여기에 내가 존재한다는 게 기적처럼 느껴진다. 그 정도로 확률이 매우 낮았다는 데 파스칼은 분명히 동의할 것이다.

우리 대부분이 이런 순간을 경험한 적이 있을 것이다. 지금 이 순간 존재한다는 그 사실에 갑자기 경탄하는 일 말이다. 얼마나 놀라운가. 내가 바로 지금 바로 여기 있다니!

그런 순간은 쏜살같이 지나가며 자주 찾아오지도 않지만 종종 우리와 함께한다. 그 느낌을 사무치게 감동적으로 묘사한 노래가 괴짜 천재 재즈 가수 데이브 프리시버그Dave Frishberg가 부른 〈내 말 들어봐요Listen Here〉다.

> 가만히 있을 때 들리나요
> 수정처럼 청아한 작은 목소리가
> "내 말 들어봐요. 친구여, 들어봐요"라고 말하는 소리가.

사실 그건 당신 자신의 목소리예요, 당신에게만 들리게
"날 믿어도 돼요"라고 말하죠.
"그러니 들어봐요."
당신이에요, 정말로
당신이 진실로 느끼는 기분이죠…….

고마워요, 데이브. 멋진 노래 들려줘서.

33

우주에 흩어진 원자들이
내 안으로 모였다

"You are made of stuff that is as old as the planet, one third as old as the universe, though this is the first time that those atoms have been gathered together such that they think that they are you."

당신을 구성하는 것들은 지구만큼 오래됐고 그중 3분의 1은 우주만큼 오래됐다. 하지만 이 원자들이 이렇게 함께 모인 일이 처음이라 그 합이 당신이라고 생각하는 것뿐이다.

– **프랭크 클로즈** | 영국 입자물리학자 (1945~), 일원론자, 유물론자

최근에 이 글귀를 프랭크 클로즈Frank Close의 저서《입자물리학Particle Physics》에서 읽고 영적 기적 같은 둔기로 머리를 얻어맞은 듯한 충격을 받았다.

얼마나 모순적인가. 더할 나위 없이 유물론적인 클로즈의 말에서 이런 느낌을 받다니! 물리학자 대부분이 그렇듯 클로즈에게도 물질(기본적으로 원자와 그 내부구조)이 전부이며 유일하다. 이런 세계관에서 비물질적 존재의 영역이란 존재하지 않는다. 신도 영혼도 원자운동 단위로 분해할 수 없는 독립적인 마음도 당연히 없다. 자유의지? 꿈도 꾸지 마라. 우리의 모든 행위는 이리저리 돌아다니는 원자들이 결정할 뿐이다.

그러면 내 머릿속 영적 부분을 강타한 건 대체 무엇인가?

바로 우주 안에 있는 모든 것의 영원성이다. 모든 기본 구성요소가 빅뱅 때부터 지금까지 존재해왔으며 시간이 존재하는 한 앞으로도 이곳에 있을 것이다. 우주가 지금까지 겪어온 변화, 작게 보면 지구에서의 인류역사와 진화는 이 요소들을 각 시기마다 끊임없이 다르게 조합하고 재조합한 결과일 뿐이다. 이는 '내가 마음이라고 착각하고 있을지도 모르는 것'에 경이로운 한 방을 날린다.

이 영원성의 일부라는 데서 나는 숭고한 편안함을 느낀다. 내 안의 근원적인 어떤 것이 영원과 이렇게 연결되어 있다니. 물론 나를 이루는 특정한 원자 결합이 해체되면(혹자는 이를 '죽음'이라고 한다) 해체된 원자들은 나였다는 걸 인식조차 못할 것이다. 그럼에도 한때 '나'로 결합되어 있던 이 광범위한 원자들이 내가 죽은 뒤에도 영원히 존재하리라는 사실은 만족감을 안겨준다. 원자 공동체에서 평판 좋은 일원으로 존재한다면 이 유물론자도 동양철학 사상에서 말하는 '만물합일萬物合一'의 경지로 들어갈 수 있을지 모른다.

원자의 끝없는 조합과 재조합이라는 생각은 마구 날아다니던 원자들이 언젠가 다시 한번 나로 결합해주지 않을까 하는 유아적 희망을 안겨주기도 한다는 사실을 인정해야겠다. 물론 농담이다. 그래도 영원은 셀 수도 없이 긴 시간이니 그 사이에 특정한 원자 결합이 다시 한번 똑같이 일어나지 말라는 법도 없다. 사실 이전에 다른 은하계에서 정말 그런 일이 벌어졌을 수도 있다. 하지만 이 시나리오에 너무 몰입하지 않으려 애쓰는 중이다. 영적 경험보다는 머릿속에서 비디오 게임을 하는 기분이 들기 때문이다.

이왕 공상에 빠졌으니 별난 생각 한 가지만 더 해보자. 클로즈를 비롯한 이론 물리학자들은 우리가 아는 3차원 공간과 1차원 시간 이상의 차원이 존재할 가능성을 이야기한다. 이러한 가능성을 고려하는 이유는 새로 발견한 몇 가지 현상의 경우 새로운 차원이 존재하지 않고서는 설명이 불가능하기 때문이다. 최근 페르미연구소의 물리학자들이 중성미자neutrino라는 아원자 입자subatomic particle(원자보다 작은 입자 또는 원자를 구성하는 기본 입자–옮긴이)의 수수께끼 같은 성질을 한 가지 발견했다. 중성미자는 전하를 띠지 않으며 질량이 거의 없다. 일정 조건하에서만 이런 입자 중 많은 수가 전하를 띤 전자 중성미자로 변한다. 지금까지는 '저에너지 과잉low-energy excess'라고 불리는 이 현상의 이유를 설명하지 못했다. 이제 과학자들은 새로운 종류의 중성미자, 그들의 말을 빌리자면 "여분의 차원을 오가며 움직이고 있는지도 모르는" 중성미자에 관해 연구 중이다.

솔직히 말해 페르미연구소 물리학자들을 당황하게 만드는 게 무엇인지는 고사하고 거기서 정확히 무슨 일을 하는지조차 감을 잡을 수 없다. 여분의 차원이라는 게 뭔지도 상상이 안 간다. 하지만 그런 차원이 실제로 존재할 수는 있다고 생각하며, 그 이유가 새롭게 발견한 입자의 성질을 그렇게 가정하지 않으면 설명할 수 없기 때문이라는 사실에 감탄한다. 여분의 차원에서 무슨 일이 벌어지는지 누가 알 것인가? 아마도 (여기서 내 별난 상상의 도약이 벌어진다) 그 차원에서 절대자와 마주칠지도 모를 일이다. 어쩌면 에이어가 절대자를 맞대면하는 모습까지 보게 될지도 모른다. 다시 말하건대 난 별난 상상 중이다.

페르미연구소 과학자들에게 작별을 고하려니 문득 어렸을 때 나를 혼란스럽게 한 여분의 차원이 생각난다. 폴란드에서 태어나 이디시어(주로 유럽 거주 유대인들이 쓰는 게르만어 계통 언어-옮긴이)를 쓰던 할머니가 우리 집을 방문했을 때 할머니는 '바늘 차원needles dimension'이라는 말을 여러 번 했다. 바늘 차원은 어떤 모습일까 상상해보려 애쓰던 기억이 아직도 생생하다. 동그란 바늘꽂이 같은 걸까? 할머니가 걸걸한 억양으로 한 말이 사실은 '두말하면 잔소리needless to mention'였다고 형이 내게 알려주면서 수수께끼는 모두 풀렸다.

마지막으로 별난 생각 하나만 더. 클로즈가 한 말과는 전혀 상관없지만 어쩔 수 없다. 새로 발견된 중성미자 중 일부가 가진 놀라운 특징 한 가지는 빛보다 빠르다는 것이다(이 2011년 발표는 결국 실험 과정 중 생긴 오류의 결과라고 밝혀졌다. 실제로 빛보다 빠른 중성미자를 찾았다면 현대 물리학의 근간을 완전히 뒤흔들 대발견이었을 것이다. 독자는 이 부분을 감안하고 읽어주기 바란다-옮긴이). 물리학 저널에 이 현상이 발표되자마자 시시껄렁한 웹사이트 사이에서 새로운 유머가 나돌았다.

"빛보다 빠른 중성미자는 안 받습니다"라고 바텐더가 말했다.

한 중성미자가 바 안으로 걸어 들어왔다.

빛보다 빨리 움직이는 물체가 있다면 시간을 거슬러갈 수 있다는 아인슈타인의 개념에서 나온 개그다.

뜬금없는 개그는 눈감아주길. 이게 다 제멋대로 돌아다니는 원자들 때문이다.

34

죽음이 찾아올 때
나는 이미 없다

"Death is not an event in life: we do not live to experience death. If we take eternity to mean not infinite temporal duration but timelessness, then eternal life belongs to those who live in the present. Our life has no end in the way in which our visual field has no limits."

죽음은 삶에서 일어나는 사건이 아니다. 죽음은 체험할 수 없기 때문이다. 우리가 이야기하는 영원이 무한히 계속되는 시간이 아니라 무시간성을 의미하는 것이라면 영원한 삶은 현재를 사는 사람들의 몫이다. 우리의 시야에 한계가 없는 것처럼 우리의 삶은 끝이 없다.

— **루트비히 비트겐슈타인** | 오스트리아·영국 철학자(1889~1951), 분석철학자

내게 문제가 있는 건지 궁금하다. 난 랍비나 기독교 사제 또는 신학자 같은 사람들보다는 초논리적인 사상가들에게서 영적 영감을 찾는 경향이 있다. 이 길을 따라가면 영적 세계로 가는 길의 중간쯤밖에는 못 갈 텐데 말이다.

보통 20세기 최고의 철학자라고 말하는 루트비히 비트겐슈타인은 여분의 차원 따위를 언급하지 않는데도 나는 그에게 감탄해 마지않는다. 그가 전통적인 차원과 시간을 해체하는 방식을 보노라면 나는 두뇌를 완전히 다시 조립해야 할 것만 같다. 내가 그의 사상을 온전히 이해할 수나 있다면 말이다.

한 가지 위안이라면 비트겐슈타인의 말 대부분을 마음으로 받아들이기 어려워하는 사람이 나 하나만은 아니라는 점이다. 케임브리지대학교에 전설처럼 전해오는 이야기에 따르면 비트겐슈타인은 박사논문 심사를 받으면서 버트런드 러셀과 조지 에드워드 무어George Edward Moore(현대 분석철학의 기초를 닦은 영국 철학자. 그의 이름을 딴 '무어의 역설'이 비트겐슈타인에 의해 알려졌다-옮긴이) 등 저명한 철학자로 구성된 심사위원들 앞으로 어슬렁대며 걸어나와서는 이렇게 말했다고 한다. "걱정 마시죠. 이해 못하리라는 건 이미 알고 있습니다." 어쨌거나 그 박사논문이 지금까지 언어 논리에 관한 획기적인 업적으로 회자되는 그 유명한 〈논리철학논고Tractatus Logico-

Philosophicus〉다.

이해하든 못하든 비트겐슈타인의 사상을 접한 거의 모든 사람은 여기에 흠뻑 빠져든다. 비트겐슈타인은 단순해 보이는 문장 속에 우리가 가진 선입견과 통념을 담아 바로 우리 눈앞에서 현란한 재주를 펼친다.

영원을 설명하는 비트겐슈타인의 논증 첫머리는 이해하기 어렵지 않다. 죽음을 경험할 수 있는 사람이 없다는 말에는 대부분 동의할 것이다. 에피쿠로스도 비슷한 말을 했다. "죽음은 우리에게 아무것도 아니다. 우리가 살아 있을 때 죽음은 아직 오지 않았고 죽음이 찾아왔을 때 이미 우리는 존재하지 않는다."

비트겐슈타인이나 에피쿠로스나 그 사실에서 위안을 얻는 것 같다. 인간의 마음에 공포를 불러일으키는 건 미래에 자신이 더는 존재하지 않을 순간이 온다는 사실을 지금 이 순간 인식하는 데 있다고 다른 많은 철학자가 지적하고 있긴 하지만 말이다.

비트겐슈타인의 다음 문장부터는 머릿속이 복잡해진다. "우리가 이야기하는 영원이 무한히 계속되는 시간이 아니라 무시간성을 의미하는 것이라면 (…)" 우리 대부분은 "무한히 계속되는 시간"이라는 말뜻을 이해한다고 생각한다. 1분, 화요일, 10년이 무수히 모여 끝없이 흐르는 시간. 그러나 거기에 함정이 있는지도 모른다. 1분이 무수하게 모인 길이는 결국 화요일이나 10년이 무수하게 모인 길이와 같으니까. 전부 똑같이 '무한대의 길이'다. 아, 사실 정확히는 그렇지 않다. 무한한 시간은 1분이나 화요일, 10년과 달리 측정할 수 없기 때문이다. 다시 말해 무한한 시간은 유한한 맥락을 사용해, 예를 들면 '5조 번의 화요일' 같은 식으로 측정할 수 없다. 5조 번이면 화요일이 엄청 많긴 하지만 측정 가능한 범주다. 반면 무한한 개수의 화요일은 측정할 수 없으므로 측정 불가능한 시간이라 말해도 무리는 없다. 비트겐슈타인의 "무한히 계속되는 시간" 개념이 실은 '무시간성'을 의미함을 우리는 여기서 이해할 수 있다. 측정 불가능하다면 우리가 인식할 수 있는 시간이 아니다. 따라서 영원하다고 간주할 수 있는 것이다.

하지만 결론 부분이 또 문제다. "영원한 삶은 현재를 사는 사람들의 몫이다." 뭣이라? 측정 불가능한 수준으로 엄청난 논리 비약 아닌가. 이 전설적인 언어분석가가 혹시 지금 말장난하는 건가? '영원'이 '무시간성'을 의미한다는 건 알겠는데 대체 '무시간성'에서 어떻게 '지금 이곳의 영원한 삶' 이야기가 나오는 거지?

다수의 철학자가 그럴듯한 설명을 내놓았다. 궁극적으로 과거는 기억이라 부르는 정신구조 안에서만 존재한다는 것이다. 마찬가지로 미래도 정신구조로서만 존재한다. 우리는 과거에 모든 사건이 꼬리를 물듯 연속해 일어났으니 미래에도 마찬가지일 거라고 생각하기 때문에 경험을 바탕으로 미래를 상상하고 그려낸다. 어느 쪽이든 이런 정신 활동은 현재에 일어난다. 따라서 우리가 궁극적으로 소유한 것은 현재다. 바로 여기, 바로 지금.

하지만 어떻게 '지금 여기'에서 '영원'으로 향하는 것일까? 비트겐슈타인의 사고에서는 현재가 전부이기 때문이다. 언제나 현재다. 바로 지금처럼, 그리고 또 지금. 그러므로 우리가 정말 갖고 있는 것은 '영원한 현재'다. 이 내용은 내가 대부분 이해할 수 있다.

그러나 여기서 나는 또 다른 문제에 부딪힌다. "영원한 삶은 현재를 사는 사람의 몫이다"라는 비트겐슈타인의 말은 이런 영원한 삶이 모든 이에게 조건 없이 해당하는 것은 아니라는 뜻이기도 하다. 현재를 산다는 것은 보편적인 인간 조건의 본질일 뿐 아니라, 그렇게 하기 위해서는 무언가를 실제로 해야 한다. 영원한 현재에 '속하기' 위해서는 행동해야 한다. 그렇게 해야만 여기, 현재의 삶에 온전히 있을 수 있는 것이다.

나는 이것이 논리적 개입보다는 실존적 지침으로 보인다. 바바 람 다스Baba Ram Dass(미국 출신의 영적 지도자–옮긴이)가

"지금 이곳에 존재하라Be here now" 같은 캐치프레이즈로 전하는 선불교적 가르침같이 들리기도 한다. 심지어 기독교적으로도 들린다. 현재를 온전히 받아들일지어다. 그러지 않으면 영생을 얻을 수 없나니.

비트겐슈타인의 명제 이 부분에서 나는 종교 쪽으로 마음이 기운다. 지금에 완벽하게 충실해야 영원을 얻을 수 있으니 현재를 충실하게 살아야 한다는 말에는 뭔가 성스러운 구석이 있다. 많은 종교사상가가 일상의 경험에서 영성을 찾으라고 이야기하지만 비트겐슈타인은 한 걸음 더 나아간다. 일상적이든 특별하든 어떤 경험이라도 우리가 완전히 인식하고 완전히 안다면 숭고한 것이 되며 영원한 현재에 속할 수 있는 특별한 기회를 얻는다.

비트겐슈타인에게서 가장 큰 영감을 얻었다는 저명한 논리학자 루돌프 카르나프Rudolf Carnap는 이렇게 말했다. "사람과 (이론상의 문제까지 포함하여) 각종 문제에 대한 비트겐슈타인의 관점과 태도는 과학자보다는 창의적인 예술가에 가까웠다. 사람에 따라서는 종교적 예언자나 선각자에 가깝다고까지 말하는 사람이 있을지도 모르겠다. (…) 때로 오랜 고된 노력 끝에 마침내 해답을 얻어낸 비트겐슈타인의 말은 마치 새로 만든 예술작품이나 신의 계시처럼 우리 앞에 우뚝 섰다. (…) 신의 영감으로 얻어낸 통찰이기 때문에 어떤 냉정하고 논리적인 분석의 어구도 신성모독이 될 것만 같은 인상을 풍겼다."

아멘.

35

힘들어도 삶에 답해야 할 이유

"Live as if you were living a second time, and as though you had acted wrongly the first time."

지금이 두 번째 인생인 것처럼 그리고 첫 번째를 잘못 살았던 것처럼 살아라.

— **빅토르 프랑클** | 오스트레일리아 신경학자·철학자(1905~1997), 실존주의 심리학자

그 자체로 철학적 사고실험인 명언이다. 하지만 실험을 시작하기 전에 먼저 이 말을 한 사람에 관해 몇 가지 중요한 사실을 짚어야겠다.

빅토르 프랑클은 특이하고도 끔찍한 경험을 한 뒤로 실존주의 철학에 입문했다. 나치 강제수용소에서 4년을 보낸 것이다. 그 기간 중 강제노동에 시달리기도 했으며 홀로코스트로 아내와 부모를 잃었다.

1945년 미군에 의해 자유를 맞은 후 프랑클은 빈으로 돌아와 신경과·정신과 의사로 다시 개업했다. 같은 해 그는 수용소에서의 경험이 자신의 철학과 더불어 새로운 급진적 심리치료 접근법에 어떻게 영향을 끼쳤는지를 설명하는 저서를 내놓았다. 원래 독일어 제목을 직역하면 "그럼에도 삶에 '예'라고 말하라Trotzdem Ja zum Leben Sagen"인데 10여 년 후에 이 책은 "인간의 의미 탐색Man's Search for Meaning"이라는 제목으로 미국에서 번역 출판됐다(우리나라에서는 《죽음의 수용소에서》로 출간됐다–옮긴이). 그 후 실존주의적 글쓰기의 고전으로 자리 잡았다.

원제에서 "그럼에도"는 수용소 캠프에서 날마다 계속되던 삶의 공포를 가리킨다. 프랑클은 그런 공포 속에서도 인간은 삶의 의미를 스스로 선택할 자유(살아야 할 이유)가 있으며 의미를 찾아내는 일은 인간의 기본 욕구에 대한 응답이라고 말한다.

성적 욕구를 가장 기본적인 욕구로 보았던 지그문트 프로이트Sigmund Freud, 권력의지를 주요 동기로 보았던 알프레트 아들러Alfred Adler와 달리 프랑클은 그리스어로 '의미' 또는 '이성법칙'이라는 뜻의 '로고스logos'가 모든 욕구에 우선한다고 생각했다. 건강, 안전, 존엄성, 구제받을 수 있다는 희망 등 모든 것을 빼앗긴다 해도 의미를 향한 갈망을 충족할 능력은 남아 있다. 삶을 여전히 긍정하며 "예"라고 말할 수 있는 것이다.

프랑클은 이렇게 말했다. "매일 매시간 결정을 내릴 기회를 받았다. 자아와 내면의 자유를 빼앗겠다고 위협하는 권력에 굴복할 것인지 아닌지, 틀에 박힌 죄수의 모습으로 자유와 존엄을 포기하고 이 상황의 노리개가 될 것인지 아닌지 결정할 기회를."

프랑클이 자신의 경험을 바탕으로 탄생시킨 실존주의적 심리치료 '로고테라피logotherapy'는 (프로이트, 아들러에 뒤이은) 빈 제3심리치료학파로 알려졌다. 이 치료법의 기본 신조는, 극한 상황에 놓인 포로처럼 삶의 통제력을 완전히 잃어버렸다고 생각할 때조차도 우리는 여전히 삶에 대한 태도를 스스로 통제할 수 있다는 것이다. 단순히 존재하는 것만으로도 의미를 찾을 수 있다. 이는 그 누구도 우리에게서 빼앗을 수 없는 자유다.

프랑클의 철학과 획기적 심리치료법은 비판자들을 난처하게 했다. 프랑클이 견뎌낸 끔찍한 경험에서 탄생한 내용을 대체 누가 공개적으로 흠잡을 수 있었겠는가? 하지만 책이 발간된 지 몇 해가 지나자 몇 명이 용기를 내어 프랑클의 이론이 지나치게 단순하며, 프랑클은 진지한 이론가보다는 인기 명상 지도자에 더 가까워 보인다고 비판을 제기했다. 심지어 1950년대 '긍정적 사고의 힘power of positive thinking'(1952년 동명의 베스트셀러 자기계발서를 출간했다–옮긴이)을 대중에 전파한 노먼 빈센트 필Norman Vincent Peale 목사에까지 비유했다. 프랑클이 너무나도 진지하게 "동부에 위치한 자유의 여신상을 보완하기 위해 서부에 '책임의 여신상'을 세우면 어떨까 한다" 같은 말을 했을 때 어떤 이들은 그가 이미 갈 데까지 갔다고 생각했다.

이런 말은 빈 제3심리치료학파의 창립자보다는 보이스카우트 지도자에게나 어울린다. 그렇긴 해도 나는 긍정적 사고에도 나름의 가치가 있다고 생각한다. 요즘처럼 모순과 냉소가 끝없이 이어지는 분위기에서는 특히 그렇다. 늘 웃음 띤 얼굴을 한 극단적 낙천주의자가 돼야 한다는 게 아니라, 냉소주의보다는 "그럼에도 불구하고 '예'라고 말하는" 사고방식이 더 나은 선택이라고 믿는다는 뜻이다. 내 삶에서도 그쪽을 선택했다고 생각한다.

단순한 생각은 굳이 더 단순화할 필요가 없다. 할머니의 격언이 진부하게 들린다고 해서 그 말이 전혀 가치 없다는 뜻은 아니듯이 말이다. 오프라 윈프리Oprah Winfrey는 이곳저곳에서 생각해볼 만한 훈계를 남긴다. 손턴 와일더Thornton Wilder의 시대를 초월한 희곡 〈우리 읍내Our Town〉에 등장하는 평범하고 단순한 대사 한 줄은 아직도 나를 사로잡으며 영감을 준다. 삶에 온전히 감사하는 일이 얼마나 숭고하며 이를 실천하기가 얼마나 어려운지 이 대사는 깊이 있게 표현한다. 〈우리 읍내〉에서 이미 세상을 떠난 에밀리의 영혼이 고향에 돌아오지만 사랑하는 사람들이 삶의 중요성을 제대로 알고 있지 못하자 슬픔에 빠진다.

> 에밀리: 살아 있는 동안 삶이 무엇인지 깨닫는 사람이 있을까요? 자신이 살고 있는 1분 1초의 의미를 말이에요.
>
> 무대감독(희곡 등장인물): 없어요. 성자나 시인이라면…… 가끔은 알지도 모르죠.

삶의 의미를 찾아내는 일은 곧 긍정적으로 느낄 만한 무언가를 찾는다는 것을 의미한다는 프랑클의 말에는 기본적이고 단순하지만 깊은 뜻이 있다. 사실 이 말은 양방향으로 통한다. 긍정적으로 느낄 만한 무언가를 찾는 일은 삶에 의미를 준다.

1960년대 초《인간의 의미 탐색》이 출간된 지 얼마 안 되어 나는 이 책을 읽었고, 삶의 특정한 의미를 적용하면 결과가 어떻게 나올지 깊이 상상해보는 프랑클의 실천에 흥미를 느꼈다. 어떤 상황이 펼쳐질까? 그때 기분은 어떨까? 나에게 상상할 수 있는 최악의 장애물이 닥친다면 이 의미는 과연 효과가 있을까? 그러고는 이 문구를 명언집에 수록했다.

상상 속 결과에 몰두하는 일은 의심할 여지 없이 이 부문 선두주자 에피쿠로스와 통한다. 물론 에피쿠로스는 삶의 의미는 즐기는 데 있다고 일찍이 결론을 내렸지만 말이다. 이는 프랑클의 매혹적인 실존적 행동으로 다시 이어진다. "지금이 두 번째 인생인 것처럼 그리고 첫 번째를 잘못 살았던 것처럼 살아라."

앞의 '두 번째 삶을 사는' 일은 적어도 우리가 일반적으로 상상할 수 있는 범위 안에 있다. 예를 들어 그냥 젊었던 때로 돌아가 새로 시작할 수 있다. 부모도 고향도 같지만 그 후는 자기 하기 나름이다. 이번에는 다른 선택을 하겠다고 상상해 봄 직하다. '필 대신 해리랑 결혼했다면 삶이 어땠을까?' 이런 상상 한번 해보지 않은 사람이 어디 있겠는가. 하지만 내가 당혹스러운 건 뒤의 "첫 번째를 잘못 살았던 것처럼"이다. 이는 내가 잘못 산다는 게 어떤 건지 알고 있음을 전제로 한다. 하지만 난 모른다. (두 번째 삶을 상상하는 이유인) 올바른 길이 무엇인지 모른다면 무엇이 잘못된 길인지 어떻게 알겠는가?

두 번째 구절에서 프랑클이 무엇을 의도했는지는 알겠다. 삶의 올바른 방식을 찾기 위한 전략으로서 이를 제안한 것이다. 그는 삶의 목적이라는 질문을 추상적인 사고 대신 구체적인 사고실험으로 끌어들인다. 이 질문에 대한 어떤 답도 순수 지성보다는 상상의 영역에서 더 찾기 쉬울 것을 감안하면 나쁘지 않은 발상이다. 인간의 마음은(적어도 내 마음은) 구체적인 것에서 추상적인 것으로, 개인적 경험에서 일반적인 원리 쪽으로 작동하는 경향이 있다. 만약 내가 저 멀리 산꼭대기에서 며칠 동안 가부좌를 틀고 앉아 삶의 의미에 대해 생각해내려 한다면 내 마음은 곧 뭔가 구체적인 쪽을 향할 것이다. 배 속이 꿀렁거리는 느낌 같은 거 말이다. 그러고는 곧 결론을 내려 '삶은 달걀'이라고 선언하겠지.

하지만 프랑클의 사고실험에서라면 나는 구체적인 이야기를 시작할 수 있다. 이 실험에 한해서 잠시 '잘못된 삶'이라고 전제하는 내 이야기 말이다. 프랑클은 상상력에 활기를 불어넣어주고 더 나은 삶의 방식을 꿈꿀 수 있게 해주는 귀중한 도구를 선사했다.

36

'만약'을 생각할수록 삶은 트라우마가 된다

"The unexamined life is surely worth living, but is the unlived life worth examining?"

숙고하지 않는 삶은 분명히 살 가치가 있다. 그러나 살아보지 않은 삶을 숙고할 가치가 있을까?

— **애덤 필립스** | 영국 정신분석학자·철학자(1954~), 프로이트식 실존주의자

이런, 빅토르 프랑클의 사고실험은 결국 그리 좋은 생각이 아니었나 보다. 다른 삶을 상상하는 일은 사실 절망에 빠진 삶을 위한 처방전일지도 모르겠다.

총명하며 반직관적인 영국 출신의 현역 철학자 한 명을 접하고 나는 다시 한번 혼란에 빠진다. 그러면서도 (특히 심리학과 결합한) 현대철학이 '어떻게 살아야 하는가'라는 문제에 접근하는 모습을 보며 다시 기운을 얻는다.

정신분석 분야 작가이자 철학자인 애덤 필립스Adam Phillips는 저서《놓침Missing Out》에서 현대인은 자신이 살아보지 않은 삶에 너무나 집착한 나머지 진짜로 살고 있는 현재 삶에 감사할 기회를 놓치고 있다고 주장한다. 현재가 아닌 다른 무엇에 대한 우리의 기괴한 편애를 보여주는 또 하나의 좋은 예다. 우리는 미래를 상상하며 '지금 여기'를 외면할 뿐 아니라 과거의 다른 선택을 상상하느라 현재를 외면한다.

필립스는 내담자들을 치료한 경험을 바탕으로 "우리는 자신이 한 경험보다 하지 않은 경험에 대해 더 잘 알고 있다고 생각한다"라고 결론 내린다. 우리가 상상하는 '살아보지 않은 삶'은 실제의 삶보다 더 뚜렷할뿐더러 더 중요하게 느껴진다. "그리고 애초에 가능하지도 않았던 일이 인생 최고의 사연으로 둔갑한다. (…) 우리의 삶은 살 수 없었던 삶으로 인한 끝없는 트라우마이자 계속되는 애도의 대상으로 전락

한다."

무슨 말인지 무서울 정도로 실감난다. '만약 ……라면 어떻게 됐을까?'라는 시나리오는 아직도 틈만 나면 내 마음속에서 재생된다. 뉴욕주 밀브룩에 있던 티모시 리어리의 히피 공동체, 두근거리며 그 정문 앞만 지나쳤지 들어가볼 엄두를 못 냈는데 거기로 진짜 옮겨갔으면 어떻게 됐을까? 아니면 이런 것도 있다. 그때 뉴욕에서 텔레비전 방송 일자리를 잡는 대신 그리스 이드라섬에 계속 머물렀다면 어떻게 됐을까?

'만약 ……라면?' 가정법 놀이는 삶을 만족스럽게 사는 방법이 아니다. 지금껏 살아왔고 지금 살고 있는 삶에 결코 긍정적인 태도를 갖게 하지 않는다. 살아 있는 것 자체만으로 감사할 수 있는 삶과는 완전히 대척점에 있다.

에피쿠로스부터 프랑클까지, 우리에게 상상 가능한 다양한 행동의 결과를 계산해보라고 했던 진지한 사상가들 전부가 실은 자기를 파괴하라는 미션을 순진하게 전달했던 것은 아닌지 생각해봐야겠다. "두 번째의 삶인 것처럼 인생을 살아라"? 이봐요, 그 대신에 처음이자 마지막인 것처럼 인생을 사는 건 어떠신지? 필립스의 관점에서 보면 당연히 후자가 풍성한 삶을 영위할 수 있는 방법이다.

소크라테스의 그 유명한 '숙고하는 삶'에 관한 말("숙고하지 않은 삶은 살 가치가 없다")을 발칙하게 뒤집은 필립스의 발언으로 다시 돌아가보자. 필립스는 전통적 심리치료와 '자아실현self-actualization' 운동 전체의 근본적 방법론을 의심한다. 필립스는 이렇게 말했다. "자기인식이 쓸모없는 것이라고 말하고 싶지는 않다. 그러나 자기인식이 언제 진실로 유용하며 언제 그렇지 않은지는 알 필요가 있다. 어떤 경험에 관해 '알고자' 노력하다가 경험 자체에서 멀어지는 경우도 종종 있다."

내 세대의 많은 이와 마찬가지로 나도 20~30대 시기에 심리치료를 받았다. 물론 자신과 삶에 대해 더 나은 기분을 느끼고 싶다는 이유도 있었다. 하지만 더 큰 동기는 당시에는 매우 흔한 것이었으니, 바로 내가 누구인지 더 깊이 알고 싶었기 때문이다. 숙고하는 삶과 자신에게 진실해야 한다는 생각의 자연스러운 연장선처럼 느껴졌다. 그리고 마치 성실한 학생처럼 그 답을 얻기 위해 논리적으로 밟아야 하는 다음 단계가 바로 심리치료였다.

이 과정에서 우리 대부분은 신경증적 습관과 강박이 생긴 원인을 부모에게서 '찾아냈다'. 자신이 초라하게 느껴지고 감정적으로 상처받았던 유년 시절 장면들을 떠올렸고 당연히 부모에게 분노했다. 20세기 영국 시인 필립 라킨Philip Larkin의 유명한 작품 〈이것이 시일지어다This Be The Verse〉는 우리 시대의 곤경을 상징하는 주제곡이 됐다.

그들이 널 엉망으로 만들어, 네 엄마 아빠가.
그럴 생각은 없었을지 몰라도 어쨌든 사실이야.
자기들이 저지른 잘못을 네게 채워넣어.
그러곤 또 채워넣어, 오직 너에게만.

가정교육에 분개함으로써 불안이 분노로 대체될 뿐 전체적으로 볼 때 개선된 부분이라고는 없었다. 우리는 고통스러운 감정에 사로잡혔다. 필립스의 관점에서 말하자면 우리는 자신의 경험을 자기인식이라는 이름의 체로 걸러내고 있었다.

심리치료가들은 우리가 자신의 달갑지 않은 습관과 감정으로부터 심리적으로 해방되려면 근본 원인을 찾아야만 한다고 말하곤 했다. 마지막 치료기간이 끝나면 성공적으로 치료된 환자는 더 현명하고 자율적인 인간이 되어 분노를 내려놓고 앞으로 나아갈 준비가 됐다고 생각하며 진료실을 나갔다. 언제나 모든 것이 이처럼 깔끔하게 진행될 것이라 기대하면서.

어쨌든 필립스는 내가 말한 이 모든 것에 관해 잘 알고 있다. 난 여전히 주머니에 가득 찬 자기인식을 질질 끌고 다닌

다. 대부분은 하찮기 그지없으며 정확한지마저 의심스럽다.

만약 《놓침》을 읽지 않았다면 나 자신에 대한 느낌이 어떻게 달라졌을지 궁금한 건 어쩔 수 없다.

37

쓸데없는 걱정은 넣어두자

"If you believe that feeling bad or worrying long enough will change a past or future event, then you are residing on another planet with a different reality system."

우울해하거나 오랫동안 걱정한다고 해서 과거나 미래의 사건이 바뀐다고 믿는다면 당신은 현실 체계가 전혀 다른 어느 외계행성에 살고 있는 것이다.

– **윌리엄 제임스** | 미국 철학자(1842~1910), 정통 실용주의자

윌리엄 제임스의 충고는 언제나 거부하기 힘들다. 우선 "외계행성에 살고 있는 것이다"에서 보듯 재치 넘치는 내용이 많다. 또한 허물없으면서도 현명하며 좋은 의미로 전통적인 상식에 부합한다(한 번은 "상식과 유머감각은 다른 속도로 움직이는 같은 것이다. 유머감각이란 춤추는 상식일 뿐이다"라고 말했다).

기본적으로 제임스는 우리에게 그만 걱정하라고, 그런다고 결과가 좋게 나오지는 않을 것이며 시간낭비만 할 뿐이라고 이야기한다. 오프라 윈프리도 똑같은 말을 한다. 어쨌든 이 생각에 관해 제임스나 윈프리와 논쟁해봤자 내가 밀릴 게 뻔하다.

하지만 스무 살 때 이 말을 명언집에 옮겨 적은 뒤로 이 내용과 관련해서 난 항상 문제가 있었다. "우울해하거나 오랫동안 걱정"하는 일이 영혼에(그리고 소화에) 좋다고는 절대로 생각하지 않는다. 그러나 그렇게 생각하는가 아닌가와는 별개로 그런 감정을 멈추기란 정말 어렵다.

우울함은, 그게 무가치하다고 철석같이 믿는 것과 상관없이 스스로 생명력을 가진 것 같다. 인간이 버번 위스키와 프로작을 발명한 이유도 그 때문이다. 윌리엄 제임스는 이 사실을 특히 잘 이해한 인물이었다. 그 자신이 주기적으로 질긴 우울장애에 시달렸기 때문이다. 게다가 제임스는 철학자이면서도 술을 마시면 우주에게 "예"라고 할 수 있지만 술을 안 마시면 "아니요"만 되뇐다고 말했다. 따라서 그는 이 경구를 통해 이렇게 말하는 건지도 모른다. "우울함을 멈추기 위해 필요한 일은 뭐든지 하라. 버번 몇 잔을 들이켜는 것까지 포함해서."

그건 그렇고, 최근에 나는 약물의 도움 없이도 기분이나 걱정을 예전에 생각했던 것보다 훨씬 잘 조절할 수 있다는 사실을 인정하게 됐다. 오랫동안 나는 우리 모두 감정의 노예이며 감정을 통제하려면 정신 깊숙한 부분까지 파고들어가야 한다는 정신분석적 생각에 사로잡혀 있었다. 우리 대부분은 프로이트 이론을 한 번도 제대로 공부해본 적이 없지만 정신과 그 발달에 관한 프로이트의 기본 개념들은 문화 전반에 퍼져 있다. 무의식적 동기와 다루기 어려운 신경증에 대한 생각을 무비판적으로 수용한 나머지 우리는 감정과 기분이 의식의 통제 너머에 있다고 확신한다.

그러나 최근 들어 그런 사고방식이 자신이 느끼는 감정에 대한 일종의 책임 회피 수단이라는 생각이 들기 시작했다. "내 무의식이 그렇게 느끼게 만든 거예요"는 고전적인 변명 "악마가 시켰어요"의 현대판에 지나지 않는다.

나는 칼뱅파 신도인 네덜란드인과 결혼하면서 스스로의

태도를 되돌아봤다. 아내 프레케는 자주 "그거 좀 그만해요!" 같은 말을 했다. 네덜란드어 억양으로 그런 말을 하면 주의를 끌게 마련이다. 감정이나 걱정에 관해서 프레케는 '내면의 동인을 분석해봐' 쪽보다는 '바꾸고 싶으면 뭐라도 해'에 가까웠다. 아내는 단순히 자유의지를 믿는 게 아니라 '강한' 자유의지를 믿었다. 아내가 견지한 '의식은 감정에 직접적 책임이 있다'라는 사고방식에 가치가 있는 무언가가 존재한다는 사실을 나는 지난 몇 년에 걸쳐 마지못해 인정해야 했다. 그냥 쉽게 인정했으면 좋았을걸.

제임스의 조언에 관한 나의 마지막 단상은 16세기 프랑스 철학자 미셸 드 몽테뉴를 통해서 온다. 그는 이렇게 일갈했다. "내 삶의 대부분은 일어난 적도 없는 끔찍한 불운으로 가득 차 있었다."

나를 우울하게 만드는 것들 중 절반은 사라진 기분이다.

38

끈덕지게 과거에만 머무르는 사람들

"Do every act of your life as though it were
the very last act of your life."

모든 행위를 인생의 마지막 행위인 것처럼 하라.

– **마르쿠스 아우렐리우스** | 로마 황제 · 철학자(121~180), 금욕주의자

보석 같은 글귀다. 죽는 날까지 지니고 다닐 교훈 딱 한 가지를 고르라면 바로 이것이다.

마르쿠스 아우렐리우스Marcus Aurelius의 말이 친숙하게 들린다면 철학자들과 종교사상가들이 그만큼 오랫동안 비슷한 말을 해왔기 때문이다.

> 지금 여기 이 순간을 살아라.
>
> 언제나 마음을 써서 행동하라.
>
> 현재를 살아라.

이 메시지에 담긴 정서를 가장 명징하고 강력하게 다시 전달한 현대 철학자 중 한 명이 헨리 데이비드 소로다. "현재를 살아야 한다. 모든 파도에 몸을 실어라. 매 순간에서 영원을 발견하라. 바보들은 자신에게 주어진 기회의 섬에 서서 육지 쪽만 바라본다. 육지 같은 건 없다. 이 삶 말고 다른 삶은 없다."

우리 인간은 매 순간 마음을 챙기며 사는 데 크게 어려움을 겪는다. 그렇지 않다면 왜 그토록 많은 철학자가 같은 메시지를 반복해왔겠는가?

언뜻 보기에는 지금 여기의 삶을 온전히 사는 일이 어렵게 느껴지지 않는다. 여기는 바로 우리 앞에 있으며 지금이란 바로 지금 이 순간이다. 대체 뭐가 문제란 말인가?

어떤 이들은 지금 여기 존재하는 것보다 더 나은 것을 갈망하며 현재에서 벗어난다. 또한 나를 포함해 많은 이가 '다음은 뭘까'를 생각하며 현재를 외면한다. 또 다른 이들은 삶 전체가 저녁식사부터 내세의 삶까지 다양한 일의 준비단계라고 생각하며 현실 몰입을 철저하게 피한다. 그러나 최종 시험을 준비하는 과정 어디선가에서 삐끗하게 마련이다. 또 다른 극단적인 예로 향수나 후회 또는 두 가지가 뒤섞인 채 끈덕지게 과거에만 머무르는 이들도 있다.

현재로부터의 이런 이탈은 상상력과 확장된 기억이라는 인간 본연의 능력과 뗄 수 없다. 우리는 언제나 자신의 삶을 현실과는 다르게 상상할 수 있으며 다른 선택지를 볼 수 있다. 저항하기 힘든 유혹이다. 마찬가지로 우리는 과거에 삶이 어떠했는지 기억할 수 있으며 이를 되새기는 것을 막기 어렵다.

물론 미래에 대한 기대가 없는 삶에는 심각한 단점이 있다. 예를 들어 음식을 만든 계획을 짜서 미리 쇼핑을 해놓지 않았다면 저녁이 되어 배가 고파도 집에 먹을 게 없을 것이다. 삶의 단 한순간도 계획이라곤 해본 적 없는 우리 집 개 스누커즈를 그냥 내버려두면 거의 하루 종일 굶주릴 것이다 (다행히 거래에 따라 내가 스누커즈의 저녁식사를 계획하고 챙겨준다). 스누커즈는 계획할 능력이나 후회할 능력은 없을 테지만 언제나 현재를 사는 재능이 있다. 보이는 단서(반짝이는 눈과 흔들대는 꼬리)로 미루어 짐작건대 우리 집 개는 거의 모든 지금 이 순간을 즐기고 있다.

우리 인간은 계획이 의식의 적잖은 부분을 차지할 때가 많다. 머릿속에서 되풀이되는 음악 소리마냥 우리는 이미 세운 계획을 끝없이 숙고하고 또 숙고하는 경향이 있다. 주변에는 그날 할 일을 순서대로 상세하게 적는 사람이 많다. 그중 몇몇은 끝낸 항목을 체크하는 일이 엄청나게 즐겁다고 말한다. 때로는 '끝난 일 체크하기'에서 얻는 즐거움이 일 자체보다 즐거운 것처럼 들린다.

현재를 온전히 사는 일을 몹시 두려워하도록 만드는 무언가가 있지 않나 하는 의심이 든다. 이러한 공포는 인간의 기본 조건으로서, 프로이트가 말하는 근본적 동력이자 성적 충동인 리비도libido와 함께 오는 것인지도 모른다. 이 두 가지 조건은 상호보완적 관계인 것 같다. 섹스는 우리가 확실히 지금 여기에 존재한다고 믿게 해주는 흔치 않은 경우가 아니던가.

그렇다면 현재를 산다는 두려움의 근원은 무엇일까? 우선 자신의 삶에, 아니 삶 자체에 실망할지도 모른다는 끊임없는 공포감이 있다. 우리는 직관적으로 지금 여기의 삶이야말로 삶의 궁극이라는 사실을 안다. '바로 지금'보다 현실적인 삶은 없기 때문이다. 그러나 지금 여기의 삶이 심각하게 결핍됐다고 생각한다면 어떻게 될까? '이게 전부일까?'라는 생각이 성난 파도처럼 우리를 덮친다면? 이 궁극의 현실이 그저 따분하거나, 더 심하게는 힘들고 불공평하고 고통스럽게 느껴진다면? 실존적 실망감에서 오는 이러한 두려움에 대처하기 위해 우리는 현재의 삶에 선제공격을 가한다. 반사적으로 다른 무언가를 상상함으로써 의식을 미래나 과거, 상상 속 삶으로 돌리는 것이다.

또 다른 이유는 현재를 사는 일이 도덕적 암시로 가득 차 있기 때문이다. 현재에 몰입해 있을 때 우리는 시간이 흘러간다는 멈출 수 없는 변화를 강하게 인식한다. 머리 위에 갑자기 나타나는 비둘기떼, 귀가 번쩍 뜨일 만큼 멋들어진 음악 연주, 지나가는 낯선 이의 얼굴에 피어난 매혹적인 미소처럼 작은 일에 더없는 기쁨으로 충만한 순간을 경험해본 적이 있을 것이다. 이러한 순간은 순식간에 지나간다. 그렇기 때문에 더욱 강렬하다. 하지만 이 덧없는 순간들은 모든 것은 끝나게 마련이라는 달콤쌉싸름한 깨달음을 안겨준다. 더불어 인간의 피할 수 없는 유한성에 관해서도 알게 된다. 지금 여기에서 겪는 순간의 총합은 그 모든 것의 종말로 이어지며, 그때는 우리도 더는 존재하지 않을 것임을 우리는 완전히 인식하고 있다.

거듭 말하지만 완전한 현재에서 경험하는 죽음에 대한 극명한 인식과 섹스는 서로 연결되어 있다. 프랑스어로 '작은 죽음'을 뜻하는 '라 프티 모르la petite mort'는 오르가슴 직후에 많은 사람이 느끼는 상태, 다시 말해 삶의 가장 강력한 동력 중 하나에 강렬하게 빠져든 이후 때로 따라오는 깊은 우울감을 가리킨다.

이 현상은 정반대로도 해석된다. 지금 여기를 사는 것이 두려운 만큼 되도록 온전하게 살아 있기를 깊이 열망한다는 것이다. 그리고 살아 있음을 강렬하게 느끼기 위해 취할 수 있는 방법 중 하나는 죽음에 끌리는 것이다. 우리는 행글라이딩을 즐기기 위해 절벽에서 뛰어내리고, 빠른 속도로 위험하게 차를 몬다. 어떤 이들은 한층 더 극단적인 스포츠에 몰두하면서 죽음에 반항하듯 애시보드ash board라는 걸 타고 화산 언저리를 돌아다니는 위험한 서핑을 즐긴다. 이와 같은 치명적 위험의 보상으로 우리는 지금 여기에 더 단단히 뿌리박을 수 있다. 죽음에 직면하면서 우리는 극도로 살아 있게 된다. 여러 실존주의 사상가는 유한성에 당당하게 맞서는 일이야말로 현재를 온전하게 사는 단 하나의 확실한 방법이라고 말한다. 두꺼운 안경을 낀 가냘픈 체구의 장 폴 사르트르가 화산 서핑 같은 걸 염두에 두지는 않았을 것이라 확신하지만 말이다.

39

철학이란 삶을 이끌어주는 방식

"Every time I find the meaning of life, they change it."

인생의 의미는 찾았다 싶으면 또다시 바뀐다.

— **라인홀트 니부어** | 미국 사회철학자 · 신학자(1892~1971), 기독교 현실주의

진작 좀 말해주지 그랬나!

나는 30대 중반에 이 글을 읽고 명언집을 접었다. 명언집 만드는 일 자체가 순진하고 덧없게 느껴졌기 때문이다. 그만하면 됐지.

그러나 40여 년이 지난 지금, 어떻게 살아야 하는가에 대한 철학자들의 사상은 여전히 매혹적이다. 라인홀트 니부어가 한 이 말을 지금 다시 생각해보니 당시보다도 더 당혹스럽다. 니부어도 이런 반응을 의도했으리라.

멘토였던 신학자 파울 틸리히와 마찬가지로 니부어 역시 인간이 처한 곤경을 실존주의적 언어를 통해 분석했다. 틸리히와 니부어가 던지는 근본적인 질문은 '인간에게 자신과 자신의 가치를 스스로 창조할 극단적 자유가 있다면 어째서 인간은 죄로부터 벗어날 수 없는가?'였다.

이 질문에 니부어는 인간이 영성에 대해 생각할 때조차도 자신의 유한한 마음에 묶여 초월적인 가치를 총체적으로 이해할 수 없기 때문이라고 답했다. 따라서 죄라는 것을 인간이 완벽하게 이해하는 일은 궁극적으로 불가능하다. 우리는 이러한 존재적 이중성에서 벗어날 수 없다. 도덕과 선악, '인생의 의미'를 깊이 생각할 능력을 보유하고 있으나 이 모두를 포괄하는 진정한 큰 그림을 볼 수는 없는 것이다. 그러기 위한 도구를 지니지 못했기 때문이다.

니부어는 자신이 인간의 곤경이라고 정의한 부분을 유머러스하게 설명하곤 했다. 한 번은 설교를 이렇게 마무리했다. "이 무슨 모순이란 말입니까. 모든 것을 판단할 수 있으면서도 지상에서는 벌레보다 하등 나을 게 없는 존재에 불과하다니 말이죠." 무릎을 탁 칠 만큼 대단한 유머는 아니지만 설교치고는 꽤 괜찮지 않은가.

니부어는 내재된 세계, 곧 문화·사회·정치적 신조의 세계 내에서 인간이 차지하는 위치에도 관심을 가졌다. 나치즘이 출현한 뒤 니부어는 니체가 그토록 혐오했던 '군중의 사고방식'에 초점을 맞추기 시작했다. 나치즘에 순응하는 당시 사람들의 행동을 보며 그는 인간의 나약함에 관해 깊이 생각했다. 니체와 마찬가지로 니부어도 인간은 문화의 산물이므로 스스로가 만들어낸 가치를 넘어서지 못한다고 생각했다.

그런 생각 때문에 "인생의 의미는 찾았다 싶으면 또다시 바뀐다"라며 신랄하게 지적하지 않았나 싶다. 정치적 신조나 광고 문구처럼 인생철학도 문화라는 맥락 안에서 떠오르고 저문다. 명언집에 맨 처음 적어넣었던 문구들을 보면 1960년대와 1970년대에 인기 있던 철학사조에 내가 얼마나 많은 영향을 받았는지, 정확하게 말하면 알베르 카뮈와 장 폴 사르트르의 권태, 우울함과 더불어 올더스 헉슬리와 티모시 리어리의 사회적 허무주의와 자기중심주의를 얼마나 무비판적으로 수용했는지 새삼 깨닫는다. 나 또한 의심의 여지 없이 '군중의 사고방식'에 휩쓸렸다는 뜻이다. 그렇지만 이들 모두가 철학이란 삶을 이끌어주는 방식이라고 생각할 수 있도록 도와줬다.

지금쯤 애덤 필립스가 나를 힐난하는 소리가 들리는 듯도 하다. 과거에 그만 연연하고 '만약 ……라면 어떡하지?' 같은 가정법 시나리오도 그만 좀 쓰라고 말이다. 그러니 니부어의 관점은 충분히 알아들었다고 말하면 족할 일이다. 삶의 의미란 언제든 바뀔 것이다. 또다시.

그리고 모든 건 결국 받아들이는 사람의 몫이다.

나가며

인생의 의미를 발견하다니? 농담인가? 대체 내가 누구라고 생각하시기에?

개인의 동일성 정도에 관한 데릭 파핏의 글을 읽고 나니 '내가 누구라고 생각하시기에?'는 꽤나 흥미를 돋우는 질문이다. 그때그때 어떤 자아인지에 따라 삶에도 다른 의미가 붙는 걸까?

한마디로 바로 그 질문 안에 내 문제가 있는 것 같다. 철학자들이 제기하는 질문과 그에 대한 답으로 제시하는 내용이 마법처럼 나를 매혹시킨다. 동시에 자신이 절대적인 답을 갖고 있다고 생각하는 철학자에게는 회의적인 생각이 든다. '질문, 대답, 그에 대한 회의적 반응…… 다른 질문 없으십니까?' 이런 일련의 순서는 전문 철학자라면 언제나 겪는 일이리라. 레이싱 카를 타고 머리가 쭈뼛 설 듯 짜릿한 질주를 한 바퀴 즐기고 나서야 레이싱 트랙이 뫼비우스의 띠임을 깨닫는 상황과 같다. 하지만 어쩌겠는가? 그 질주는 절대로 질리지 않는데.

명언집에 수록한 버트런드 러셀의 말이 내게 반향을 주는 이유도 바로 이것이다. 철학적 질문을 갖고 노는 건 아직도 내게 큰 즐거움이다. 명백한 해답이 존재하지 않는다고 러셀이 인정한 문제들 말이다(실제로 러셀은 바로 그 이유 때문에 이것들이 과학적 질문이 아니라 철학적 질문이라고 말한다). 그런 면에서 난 대뇌 쾌락주의자인 것 같다. 혹자는 나를 정신적 마조히스트로 부를지도 모르겠지만 말이다. 만일 내가 인생의 길을 달리 선택했다면 플라잉 낚시나 밴조 연주에서 가장 큰 즐거움을 찾았을 수도 있다. 나는 내 쾌락주의가 다른 쾌락주의보다 낫다고는 전혀 생각하지 않는다. 그 '다른 쾌락주의'가 주변의 죄 없는 구경꾼들에게 해를 입히지만 않는다면.

명언집을 다시 한번 훑어본 뒤 깨달은 사실은, 현재에 온전히 몰두하는 일은 그 최상의 가치를 참으로 자주 드러내며 여러 철학자가 다양한 경로를 통해 이 가치에 도달한다는 것이다. 에피쿠로스는 지금과 다른 것, 더 많은 것을 원하지 않도록 우리를 설득하는 일을 철학의 중심에 뒀다. 마르쿠스 아우렐리우스는 모든 행동을 마지막인 것처럼 할 것을 주문함으로써 이 사상을 더욱 강력하게 밀어붙인다. 몇천 년 뒤 헨리 데이비드 소로는 "모든 파도에 몸을 실어라"라는 말로 단순하면서도 열정적으로 이를 표현했다. 그리고 이 생각은 "영원의 삶은 현재를 사는 사람들의 몫이다"라는 비트겐슈타인의 숨막힐 듯 멋진 말 덕분에 단숨에 초월적 영역에까지 이른다.

물론 "지금 여기를 살아라"라는 격언이 명언집 곳곳에서 튀어나오는 주요한 이유는 명언들을 수집한 내가 언제나 그 생각에 이끌렸기 때문이다. 그러나 명언집에 등장하는 다양한 표현을 다시 한번 숙고하고 나서야 현재를 온전히 사는 일이 왜 그렇게 어려운지에 관해 더 면밀하게 생각해보게 됐다. 적어도 난 그랬다.

그러자 나는 다양한 쾌락주의로 되돌아가게 된다. 커다란 쾌락을 낳는 행위에 몰두하는 것만큼 인간의 '지금 여기'를 온전하게 만드는 일은 없다. 사실은 일석이조다. 이러한 행위는 그 자체로 쾌락일뿐더러 우리를 즐겁기 그지없는 '지금 여기'라는 공간에 머무르게 만들어 쾌락을 배가시킨다. 그래서 어떤 이는 테니스를 즐기고 어떤 이는 수플레를 굽는다. 섹스는 대부분의 사람들에게 효력이 있다. 그리고 어떤 이들은 철학적 질문 안에서 즐겁게 뛰논다.

어떤 부류든 쾌락주의자가 되는 건 우리의 선택이다. 하지만 그 선택은 종종 자신의 문화, 종족, 종교, 가족이 지닌 규칙과 관습에 도전한다. 자신과 자신이 아끼는 쾌락 사이를 비집고 앉아 있는 이런 '물려받은 사실'들에 대처하기 위해 아리스티포스 같은 거칠고 외설적인 쾌락주의를 굳이 선택할 필요는 없다. 예를 들어 비싼 돈을 들여 대학 교육까지 받은 뒤 유기농 농장에서 일하는 게 가장 큰 즐거움이라고 결정하는 것만으로도 엄청난 도전이 될지 모른다. 니체는 어떤 종류든 이와 같은 도전에 직면하는 게 온전한 인간이 되는 데 필요한 일이라고 생각한다.

개개인에게 의식적으로 자신의 삶의 이유를 선택할 수 있는 능력이 있다는 것을 나는 털끝만큼도 의심하지 않는다. 그 선택으로 독실한 미국 성공회 신자가 될 수도 있고 자유의 투사가 될 수도 있고 해변에서 빈둥대며 살 수도 있으며 이를 전부 다 할 수도 있다. 삶을 흘러가는 대로 내버려두기보다는 의미를 신중하게 선택하여 지님으로써 우리의 삶은 더 윤택해진다고(사르트르라면 "진정해진다고"라고 말할 것이다) 믿는다. 이런 점에서 나는 진실한 실존주의자이기도 한 것 같다.

하지만 여전히 나는 나 스스로가 어떻게 살아야 하는가에 대해 이러쿵저러쿵 충고를 할 만큼 현명한지 잘 모르겠다. 워커 퍼시의 소설 《영화광》 중 좋아하는 한 대목에서 주인공 빙크스 볼링은 이런저런 삶의 신조를 제안하는 사람들에 대한 최종 결론을 내린다.

> 나는 매일 밤 10시에 〈내 생각은 이래요This I Believe〉라는 라디오 프로그램을 듣는다. 이 프로그램에서는 성숙한 탐구심과 사고력, 지성을 지닌 저명인사들이 출연해 자신의 개인적 신조에 관해 이야기한다. 지금까지 출연자 2,300여 명의 얘기를 들어봤는데 모두 하나같이 존경할 만한 이들이었다. (…) 이들 모두에게 공통적인 특징이 하나 있다면 인간적 호감이 넘친다는 것이다. 그래서 삶도 성공한 것 같다. 이들은 가장 따뜻하고도 관대한 감정으로 모든 이를 아낀다. 아무리 음침하고 뚱한 사람이라도 이들을 좋아하지 않기란 불가능할 것이다.
>
> 오늘 밤 출연자는 바로 이런 인간적 호감을 희곡을 통해 전달하는 극작가다. 그는 이런 말로 시작한다.
>
> "나는 인간을 믿습니다. 사람들 간의 이해와 관용을 믿습니다. 한 사람 한 사람의 유일함과 존엄성을 믿습니다."

〈내 생각은 이래요〉에 출연하는 모든 이는 개개인의 유일함과 존엄성을 믿는다. 하지만 나는 그들이 그런 믿음을 가졌다고 해서 다른 사람들보다 특별하거나 다르지 않으며, 오히려 콩깍지에 들어 있는 콩처럼 서로 비슷한 모습이라는 사실을 깨달았다.

빙크스 씨, 당신이 맞을 거예요. 하지만 이렇게 말할 수밖에 없네요. 여기 콩깍지 안은 꽤 편안하답니다.

용어집

독자 대부분은 아래 등장하는 용어가 익숙할 것이다. 하지만 졸업 후 더 긴급한 말들, 그러니까 '해시태그'나 '셀카' 같은 말뜻을 익히느라 철학용어 따위는 기억에서 지워버린 사람이 있을지도 모르니 다시 한번 소개하기로 한다.

경험주의empiricism (분석적 논리 및 그 적용과 비교하여) 외부 세계에 대한 지식은 감각적 경험에서만 얻을 수 있다고 주장하는 철학 학파. 17~18세기 영국 경험주의는 **합리주의**에 대한 반동으로 출현했다. 경험주의는 **인식론**에서의 입장이며 다음과 같이 정리된다. "보이는 것이 전부다."

공리주의utilitarianism '최대 다수의 최대 행복'을 원칙으로 제안하는 도덕·정치 철학. 공리주의를 제창한 주요 인물 중 하나인 제러미 벤담에 따르면 기본 사상은 개인의 행복과 집단의 행복 사이에서 "각자가 동등하게 중요한 몫을 차지하는" 균형점을 발견하는 일이다. '행복'을 목표로 둔다는 점에서 공리주의는 일종의 쾌락주의라 할 수 있다.

논리실증주의logical positivism 철학의 범위를 과학적 방법론(경험적 검증)과 논리학 분야로 한정한 20세기 초의 철학 학파. 이를 제외한 모든 것, 예를 들어 철학이 한때 다룬 형이상학·윤리학·신학 등은 검증이 불가능하며, 따라서 의미 없는 것이니 창밖으로 던져버리면 그만이다.

무모순성의 법칙law of noncontradiction 논리학의 기본 법칙 중 하나로 두 가지 반대되는 명제가 같은 상황에서 동시에 참일 수 없다는 뜻이다. 그러니까 "X는 축구다"라는 말과 "X는 축구가 아니다"라는 말을 하고 나서 둘 다 사실이라고 주장하는 건 논리적으로 불가능하다. 무모순성의 법칙 없이는 어떤 논리적 논의도 할 수 없다.

반증 가능성falsifiability 현대 과학철학에서 이론은 반증이 가능한 증거가 있을 때만 타당성을 가진다는 원리. 심리학 이론은 반증 가능성 검증을 종종 통과하지 못한다. 정신분석학의 아버지 프로이트 앞에 어떤 증거를 들이대도(예를 들어 어머니를 사랑했다고 자인한 환자, 어머니를 혐오한 환자, 어머니한테 무관심했다고 말한 환자의 예를 동시에 제시해도) 그는 자신의 오이디푸스 이론이 유효하다고 주장했다. 각 사례는 오이디푸스 콤플렉스가 어떻게 다양하게 나타나는지를 보여줄 따름이라는 것이었다. 다른 말로 하면 프로이트의 이론이 틀렸음을 보여주는 그 어떤 증거도 없었으며, 반증 가능성의 원리에 따르면 이는 참이라고 증명할 수도 없었다는 뜻이다. '반증 가능하다'는 말은 틀렸다는 뜻이 아니라, 그 진술이 만약 틀린 것일 경우 틀렸다는 사실을 증명할 수 있다는 뜻이다. 복잡하구먼. (반드시 옳은 예시라고 하기는 어렵다. 위에서 언급한 바로 그 이유로 인해 꽤 오래전부터 현재 주류 심리학은 정신분석과 관련한 내용을 진지하게 다루지 않게 되었다. 본문에서 언급한 중성미자의 예처럼 감안하고 읽어줬으면 한다—옮긴이)

부조리주의absurdism 삶의 의미를 발견하고자 하는 욕구와 그 일이 논리적으로 불가능하다는 사실을 조화시킬 수 없다는 개념. 또한 부조리주의 인생을 어떻게 영위할 것인지에 대한 다양한 철학자들의 생각을 가리키기도 한다. 부조리주의적 관점을 포용하는 사람은 여기에 희비극적인 재미가 있다고 생각한다.

불가지론agnosticism 유신론theism(신은 분명히 존재한다는 믿음)이나 무신론atheism(신은 존재하지 않는다는 믿음)과 달리 신이 존재하는지 존재하지 않는지 여부는 알 수 없다는 철학적 관점을 말한다. 보통 불가지론자들은 거의 평생 동안 관망하는 입장을 취하며 종종 이런 상황을 불편해한다.

실존주의existentialism 의식을 가진 살아 있는 인간을 고려 가능한 모든 것의 중심에 놓는 철학 학파. 실존주의는 **거대 담론 철학**big picture philosophy, 곧 우주의 본질에 초점을 맞춰 인간은 큰 그림 안의 사소한 일부분에 불과하다고 보는 입장과 정반대에 있다. 몇몇 실존주의자는 오직 개인만이 삶의 의미를 스스로 만들 수 있으며, 의식적으로 삶의 의미를 선택하는 것이 개인의 의무라고 주장한다.

역설paradox 논리학에서 논술이나 명제가 동시에 참이면서 거짓인 상태. 다시 말해 내용이 내적으로 서로 모순되는 말을 가리킨다. 버트런드 러셀의 유명한 역설은 이런 내용이다. "자기 자신을 포함하지 않는 집합들을 포함하는 집합이 있다면, 이 집합은 자기 자신을 원소로 갖는가?" 갖는다면 '자기 자신을 원소로 포함하지 않는 집합'이라는 정의에 모순된다. 반면 갖고 있지 않다면 '자기 자신을 포함하지 않는 집단을 포함한다'는 정의에 모순된다. 역설은 인간의 마음속에 인지적 부조화를 일으켜 결국은 웃음으로 연결된다.

유물론materialism 우주에는 단 한 가지, 곧 물질만이 존재한다는 철학적 관점. 물질 이외의 모든 것은 물질로 환원 가능하거나(예를 들어 생각은 생각을 하는 두뇌 활동으로 환원할 수 있다) 존재하지 않는다(이빨 요정처럼).

인간중심주의anthropocentrism (특히 다른 동물 또는 신과 비교하여) 인간이 우주 전체에서 가장 중요한 요소라는 세계관. 반려동물이나 신이 주변에 있을 때 이를 옹호하는 일은 바람직하지 않을 것이다.

인식론epistemology 지식에 관한 연구를 말하며 기본적으로 '무언가를 알 수 있음을 논리적으로 검증하는 방법은 무엇인가?' '무엇이 참인지 어떻게 확실하게 알 수 있는가?' '어떤 명제가 참이며 어떤 명제가 거짓인지 어떻게 알 수 있는가?' '확실성의 기본 원리는 무엇인가?' 같은 질문을 던진다. 인식론은 지식과 단순한 믿음을 구분하려 한다. 논리학, 윤리학, 형이상학과 더불어 철학의 주요 영역 중 하나다.

인신공격ad hominem '인신공격의 오류argumentum ad hominem'의 줄임말. 생각이나 주장을 펼치는 사람에 대한 반감에 근거한 반대 주장을 뜻한다. 정작 자신은 그렇게 살지 않는 사람이 어떤 삶의 철학을 주장할 때 그 철학을 폄하하기 위해 종종 쓰인다. "그 사람은 말뿐이고 정작 그렇게 행동한 적은 없어. 그러니 그 사람이 하는 충고 따위는 안 들을 거야."

이는 **권위에의 호소**appeal to authority와 정반대 개념이다. 권위에의 호소란 믿을 만한 사람이 한 말이라는 이유로 그 생각을 무작정 받아들이는 것을 말한다. 예를 들면 이렇다. "기상학에 대해서는 별로 아는 게 없지만 유명 기상학자들의 95퍼센트가 지구온난화가 심각한 위험이라고 말하니 나도 그렇게 믿어."

일원론monism 궁극적으로 우주와 그 안에 있는 모든 것은 하나이며 단일한 자연법칙의 조합으로 움직인다는 형이상학적 관점. "우주 전체는 물리학 일반 법칙에 따라 작동하는 원자로만 구성돼 있다"라는 말은 일원론적 진술에 해당한다. 유물론 역시 일원론의 일종이다.

철학농담philogag 철학적 개념을 설명하거나 예시해주는 농담을 뜻하는 신조어. 많은 역설처럼 그 자체로 재미있는 철학적 개념을 묘사할 때도 쓴다.

쾌락주의hedonism 인생의 유일한 가치는 쾌락이며 이를 따르며 살아야 한다는 철학이론. 마찬가지로 고통은 인생을 덜 즐겁게 하므로 어떻게 해서든 피해야 한다. 간단히 말해 기분 좋은 게 좋은 거라는 뜻이다. 쾌락주의에는 다양한 철학적 변형이 있는데 이들 모두 생각하기 즐거운 것들이다.

합리주의rationalism 인식론의 한 갈래로 진실은 시종일관 감각이 아닌 마음속에 있다는 이론. 궁극의 **주지주의**intellectualism로서 모든 것을 추론으로 설명할 수 있다고 주장한다. 이것이 가능하려면 현실은 본질적으로 논리적인 설계하에 존재해야 한다. 그렇다면 어떤 것이든 그에 관해 생각하는 것만으로도 본질이 머릿속에서 바로 밝혀진다.

허무주의nihilism 철학과 삶에 대한 부정적인 접근법. 허무주의의 종류는 모든 것의 존재에 대한 부정부터 무언가를 안다는 행위에 대한 부정, 사회·정치적 관습과 일반적인 도덕에 대한 부정까지 다양하다. 기운을 북돋워주는 철학은 아니다. 내게는 언제나 셰익스피어의 희곡 〈리어왕King Lear〉에 나오는 "무에서 생기는 것은 무뿐이다Nothing will come of nothing"라는 대사를 연상시킨다.

현상학 **phenomenology** 주관적 인식이 어떻게 구성되는지를 연구하는 철학 분야. 현상학 관련 모든 논문은 독서의 현상학, 손으로 쓰는 일의 현상학, 장소에 관한 기억의 현상학 등을 주제로 한다. 의식을 가진 사람이 일상적으로 하는 행동처럼 들린다면 제대로 이해한 것이다.

형이상학 **metaphysics** 철학의 주요 분야 중 하나로 논리학 · 인식론 · 윤리학에 해당하지 않는 모든 것을 포괄한다. 형이상학은 거대 담론을 다룬다. '존재란 무엇인가?' '우주는 무엇이며 무엇으로 구성돼 있는가?' 같은. 우연의 일치겠지만 '삶의 의미는 무엇인가?'라는 질문도 들어간다.

환원 불가능성 **irreducibility** **과 환원 가능성** **reducibility** 이 두 용어는 의식이 두뇌 활동과는 별개의 현상인지에 관한 철학적 주장에 자주 등장한다. 의식은 두뇌 활동으로 유의미하게 환원할 수 있는가, 아니면 의식은 그 자체로 존재하며 머릿속에서 돌아다니는 원자로 환원할 수 없는 것인가?

살아가라 그뿐이다

초판 발행 · 2017년 3월 3일
개정판 발행 · 2024년 7월 17일

지은이 · 대니얼 클라인
옮긴이 · 김현철
발행인 · 이종원
발행처 · (주)도서출판 길벗
브랜드 · 더퀘스트
출판사 등록일 · 1990년 12월 24일
주소 · 서울시 마포구 월드컵로 10길 56(서교동)
대표전화 · 02)332-0931 | **팩스** · 02)323-0586
홈페이지 · www.gilbut.co.kr | **이메일** · gilbut@gilbut.co.kr
대량구매 및 납품 문의 · 02) 330-9708

기획 · 박윤조 | **편집** · 이민주(ellie09@gilbut.co.kr), 안아람 | **제작** · 이준호, 손일순, 이진혁
마케팅 · 정경원, 김진영, 김선영, 최명주, 이지현, 류효정 | **유통혁신팀** · 한준희
영업관리 · 김명자, 심선숙 | **독자지원** · 윤정아

디자인 · 디자인규 | **전산편집** · P.E.N. | **인쇄 및 제본** · 정민

- 이 책은 2017년에 출간한 《사는 데 정답이 어딨어》의 개정판입니다.

ISBN 979-11-407-0971-7 03100
(길벗 도서번호 040184)

정가 17,700원